와인 소믈리에 실무

Wine Sommelier Practice

정미란 저

SEROMI

차 례

CHAPTER 01 와인의 이해

006 1. 와인의 정의와 분류
007 2. 와인의 품질 영향요소
009 3. 세계 와인 생산지역
011 4. 와인 레이블(Wine Label)

CHAPTER 02 와인의 구매와 보관

016 1. 와인구매 가이드
018 2. 와인 최대의 적
018 3. 와인의 저장과 보관

CHAPTER 03 포도품종

024 1. Red_레드와인을 만드는 대표품종
031 2. White_화이트와인을 만드는 대표품종

CHAPTER 04 와인 양조과정

CHAPTER 05 국가별 와인(구세계)

046 1. 프랑스
068 2. 이탈리아
078 3. 독일
085 4. 스페인
093 5. 포르투갈

CHAPTER 06 국가별 와인(신세계)

102 1. 미국
107 2. 호주
113 3. 칠레
118 4. 아르헨티나
120 5. 남아프리카 공화국
122 6. 뉴질랜드
124 7. 캐나다

CHAPTER 07 와인테이스팅

130 1. 호스트 테이스팅(Host Tasting)
131 2. 테이스팅기법

CHAPTER 08 와인서비스

142 1. 소믈리에의 업무
143 2. 와인 글라스
144 3. 와인 서빙 온도
145 4. 와인 오픈법
147 5. 디캔팅_Decanting

CHAPTER 09 와인 & 푸드 페어링

154 1. 와인과 음식의 조화
159 2. 와인 & 치즈

166 Tasting Note
168 참고문헌

“이제 와인은 우리생활 깊숙이 파고들어

더 이상 특별한 것이 아니다.”

CHAPTER 01

와인의 이해

CHAPTER 01

와인의 이해

1. 와인의 정의와 분류

와인(Wine)은 포도로 만든 술로서 일반적으로 이야기하는 포도주이다. 넓은 의미로는 발효주로서 포도즙뿐만 아니라 그 외 과실이나 열매의 즙, 향이 나는 꽃이나 약초의 과당을 발효시켜 양조한 모든 알코올 음료를 포함한다. 좁은 의미의 와인은 신선한 포도를 수확하여 그 즙으로 그 지역의 전통적인 방법으로 발효시켜 양조한 알코올 음료이다.

와인은 각 나라마다 다르게 표기하고 있는데, 프랑스는 뱅(Vin), 이탈리아는 비노(Vino), 독일은 바인(Wein), 영국과 미국같은 영어권에서는 와인(Wine)이라고 한다.

색에 의한 분류

▶ Red wine

발효과정에서 씨와 껍질을 함께 넣어 발효하므로 붉은 색소와 탄닌 성분이 함께 추출된다. 탄닌 성분으로 인해 화이트 와인과는 달리 떫은 맛이 난다.

▶ White wine

백포도나 적포도를 사용하여 과피를 제거하고 포도즙만을 침용과정 없이 발효시켜 만든다.

▶ Rose wine

레드와인과 화이트와인의 중간상태로 핑크빛을 띄며, 초기의 양조과정은 레드와인 양조법과 같으나, 색이 어느 정도 추출되면 압착하여 과피를 제거하고 화이트와인 양조와 같은 방법으로 발효한다.

숙성기간이 짧으며 차게 마시는 것이 좋고 모든 음식과 대체로 잘 어울린다.

▶ 당도에 의한 분류

- Dry wine – Medium dry wine – Medium sweet wine – Sweet wine

▶ 탄산가스 함량에 의한 분류

- Still wine – 일반 와인
- Sparkling wine – 기포를 함유한 와인

▶ 식사용도에 의한 분류

- Appetizer wine – 식전주
- Table wine – 식중주
- Dessert wine – 식후주

2. 와인의 품질 영향요소

포도품종

와인의 맛을 결정짓는 여러 요소 중 가장 많은 영향을 끼치는 것이 포도품종이다. 와인제조에 사용된 포도는 품종별 고유특성과 탄닌, 산도, 당분 함유량, 품질과 상태 등에 따라 와인의 맛과 품질을 좌우한다. 우리가 요리를 할 때에도 식자재의 종류와 품질에 따라 음식의 맛이 달라지는 것과 같다. 포도에는 다양한 품종이 있으며 종류에 따라 알코올 도수를 결정하는 당도, 산도, 탄닌의 정도가 다르다.

생산지

같은 포도품종이라 할지라도 자라난 자연환경 즉 떼루아(Terroir)에 따라 그 맛과 질이 달라진다. 밭의 고도에 따라 포도밭의 기온이 다르며, 토지의 경사에 따라 포도나무가 받는 일조량이 다르고, 배수조건도 달라진다. 주변에 강이 흐르면 급격한 기온변화로부터 포도나무가 보호를 받을 수 있으며 습도를 유지할 수 있게 된다. 또한 독일과 프랑스의 쏘테른 지방 같이 보트리티스 시네레아균(귀부병)의 번식을 촉진시켜 귀한 귀부와인을 만드는데 도움을 주기도 한다.

독일의 포도밭

떼루아(Terroir)는 프랑스어로 좁은 의미로는 토양을 의미하지만 넓은 의미로는 포도가 자라는 데 영향을 주는 기후와 지리적 환경 등을 말한다. 토양의 성질이나 구조, 포도밭의 경사도, 일조량, 고도, 강수량, 풍속, 안개 빈도수, 일광 누적 시간, 온도(평균 최고 온도, 평균 최저 온도 등) 등이 모두 포함되는 포괄적인 개념이다.

더운 기후에서는 알코올 도수가 높고, 바디가 강하며 탄닌 함량은 높으나 산도가 낮은 와인이 생산되며, 서늘한 기후에서는 알코올 도수가 낮고, 바디가 약하며 탄닌 함량은 낮으나 산도는 높은 와인이 생산된다.

생산연도

포도의 생산연도 즉 빈티지(Vintage)에 따라 포도품질이 좌우된다. 해마다 기온과 강수량 등 기후조건은 다르며, 기후조건이 좋아야 좋은 품질의 포도를 재배할 수 있는 것은 당연한 것이다.

양조기술

좋은 포도가 재배되면 최종적으로 훌륭한 양조자의 기술과 노하우와 정성이 요구된다. 요리를 할 때 같은 식자재라 할지라도 주방장의 기술과 노하우와 사용되는 조리기구에 따라 그 맛과 질이 달라지는 것과 같은 것이다.

와인의 가격 영향요소

- 포도밭의 가격
- 포도재배 기계화 정도 및 수확량
- 노동력과 장비의 가격 및 조달 용이성
- 양조 장비와 저장 설비
- 포장 및 운송 비용

3. 세계 와인 생산지역

세계에서 와인을 생산하는 국가들은 적도를 중심으로 와인 벨트(북위 30~50°와 남위 20~40°)에 위치한 나라들로 기후는 연평균 기온이 10~20℃와, 1,250~1,500 시간의 일조시간, 그리고 연간 강우량이 500~800mm의 영향권에 있는 국가들이 훌륭한 품질의 와인 생산하고 그 생산량 이 많은 국가들이다.

와인을 생산하는 주요한 나라들은 프랑스, 이탈리아, 스페인, 포르투갈, 독일, 오스트리아, 헝가리 등의 유럽 국가들과 미국, 캐나다, 칠레, 아르헨티나 등의 아메리카 국가들, 그리고 중국, 인도, 일본, 한국 등의 아시아 국가, 호주, 뉴질랜드의 오세아니아 국가들이 있으며, 또한 남아프리카 공화국을 포함하는 아프리카 국가들이 있다.

세계 최대의 와인 생산국가는 이탈리아가 약 5백만 리터로 가장 많으며, 프랑스가 그 뒤를 잇는다. 다음으로 미국과 스페인, 호주 순으로 많은 와인을 생산한다. 칠레보다도 중국과 남아공의 와인생산량이 더 많다. 반면 와인소비량이 가장 많은 나라는 미국이며 프랑스, 이탈리아, 독일, 중국, 영국 순으로 그 뒤를 잇는다.

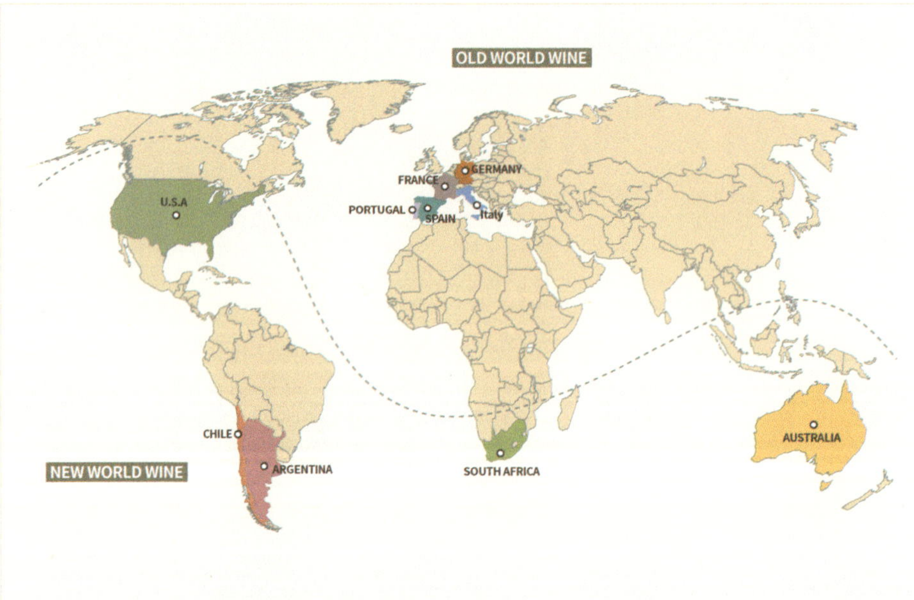

4. 와인 레이블(Wine Label)

레이블 종류와 표시정보

▶ Main(Front) label

와인명, 지역명, 생산자명, 빈티지 등 가장 중요한 정보를 표기

▶ Neck label

빈티지와 생산회사 명시, 프랑스 일부지역과 유럽국가 부분 사용

▶ Back label

포도품종, 양조법, 빈티지 특성, 와인 서빙시 참조사항 등 상품의 마케팅 일환으로 소비자들에게 보다 자세한 정보를 주기 위한 것

✻ 와인명은 대개 맨 앞에 눈에 띄게 큰 글씨다.
✻ 와인명이 같을지라도 같은 와인이 아니다.
✻ 산지명이 좁을수록, 와인의 출신 성분이 명확한 것일수록 고급와인이다.
✻ 구세계와인과 신세계와인의 와인명 스타일이 다르다.

〈표-1〉 와인명을 붙이는 5가지 스타일

5가지 타입	내용
산지명	◆ 포도가 재배된 지역이나 포도밭 이름(주로 구세계 와인) ◆ 샤블리(Chablis), 보졸레(Beaujolais), 로마네 꽁띠(Romanée-Conti)
양조장명	◆ 샤또 이름이나 생산자 이름 ◆ 샤또 마르고(Château-Margaux)
브랜드명	◆ 어느 생산자가 독점적으로 사용하는 이름 ◆ 이름의 유래 ◆ 동 빼리뇽(Dom Perignon): 샴페인의 개발자이름이 와인명이 됨
포도품종명	◆ 포도품종을 이름으로 사용(신세계 와인) ◆ Cabernet Sauvignon, Chardonnay···
애칭	◆ 역사상의 이야기나 와인 제조에 얽힌 일화 ◆ 슈바르체 키츠(Schwarze Kats): 독일 모젤 지방의 '검은 고양이가 앉았던 통의 와인'은 잘된다는 전설이 그 유래가 됨

레이블에 담긴 정보들

- 산지명
- 브랜드 네임(상표)
- 양조자 이름
- 빈티지(포도 수확연도)
- 등급
- 와인 용량
- 병입장소
- 원료
- 생산국가
- 알콜 도수

▶ Wine Label – Old World Label

▶ Wine Label – New World Label

- 와인명: Whitehaven Marlborough Sauvigon Blanc
- 빈티지: 2003
- 품종: Sauvignon Blanc
- 생산자: Whitehaven
- 생산지: Marlborough, NZ

- 와인명: Sycamore Canyon Chardonnay
- 빈티지: 2001
- 품종: Chardonnay
- 생산자: Emest & Julio Gallo
- 생산지: California

"초보자라면 전문가 또는 와인매장의 직원,
또는 주변에 와인을 즐겨 마시는 사람들에게 조언을 구한다."

CHAPTER 02

와인의 구매와 보관

CHAPTER 02

와인의 구매와 보관

1. 와인구매 가이드

초보자라면 달콤한 화이트와인부터 시작하는 것이 좋다. 처음부터 묵직한 레드와인을 접하면 떫고 쓴맛에 다시는 와인을 찾지 않을지도 모른다. 아마도 와인을 즐기다보면 자기도 모르게 묵직하고 탄닌이 강한 레드와인을 찾게 될 것이다. 와인초보자라면 아래 순서와 같이 와인을 경험해 보는 것을 추천한다.

- 달콤한 화이트 와인
- 약간 드라이한 화이트 와인
- 떫지 않은 가벼운 레드 와인
- 약간 진한 과일향이 풍부한 레드 와인
- 묵직한 느낌의 탄닌 맛이 강한 레드 와인

와인선택분야를 좁혀라.

자신의 기호에 맞추어 레드와인 또는 화이트와인, 드라이한지 스위트 한지, 어느 국가의 와인이 좋은지 등 좀 더 구체적으로 선택의 폭을 좁힌다.

조언을 구하라.

초보자라면 전문가 또는 와인매장의 직원, 또는 주변에 와인을 즐겨 마시는 사람들에게 조언을 구한다. 그래야 실패의 확률을 줄일 수 있다.

보관상태에 주의하라.

실내온도가 적정한지, 햇빛과 같은 직사광선에 노출되어 있진 않는지, 눕혀보관되어 있는지 등에 주의한다. 간혹 위스키, 브랜디, 꼬냑 등을 주 품목으로 판매하는 주류전문점의 경우 와인의 보관상태가 미흡할 수 있으니 주의해야 한다.

가능하면 와인시음회를 통해 와인 맛을 미리보라.

여러 국가의 다양한 와인을 저렴하게 테이스팅할 수 있는 매우 좋은 기회이다. 이런 기회를 통해 나의 타입을 찾는다면 와인구매에 실패확률을 줄일 수 있을 것이다.

와인초보자라면 비싼 와인은 사지마라.

초보자라면 비싼 와인을 마셔도 그 와인의 가치를 잘 모른다. 저렴한 와인으로 시작하여 와인평가에 대한 감각을 키우는 것이 좋다.

2. 와인 최대의 적

와인 음용시기

일반적으로 저렴한 와인은 빨리 음용하는 것이 좋다. 보졸레 누보(Beaujolais Nouveau)와 같은 햇포도주는 그해를 넘기지 않는 것이 좋으며, 주로 고급 레드 와인과 같이 성분이 농축되어 있는 경우에는 장기숙성 타입으로 시간이 지남에 따라 풍미가 깊어진다.

▶ 부쇼네(Bouchonne)

영어로는 콜키(Corcky)라고 하며, 불어로 병마개를 뜻하는 부숑에서 나온 단어이다. 코르크가 부패하거나 내외부적 요인에 의해 오염되어 와인자체의 맛이 나쁘게 변질된 경우이다.

▶ 산화

와인이 공기 중에 산소와 접하여 시큼한 맛이 나는 현상으로서 와인을 세워 보관할 경우 코르크가 말라서 발생한다.

▶ 열화

높은 온도로 인해 와인이 코르크 밖으로 끓어 넘치는 현상으로 주로 더운 여름에 잘못 보관했을 경우 발생한다.

3. 와인의 저장과 보관

오크통

지난 수세기 동안 오크통은 와인 저장 용기로 사용되며 와인의 맛과 풍미를 향상시켜 와인의 품질에 기여해왔다. 오크통이 사용되기 전 고대의 와인은 토기로 제조된 '암포라'에 저장, 보관, 운반되었다. 오늘날의 오크통은 참나무를 베고 가공하여 말리는 '시즈닝(Seasoning)'과정을 거쳐 통을 조립하고 통 안쪽을 불로 그을리는 과정을 통해 만들어진다. 내부 토스팅 시간에 따라 가벼운 토스트는 구수하고 드라이한 느낌을, 중간 토스트는 달콤한 코코넛과 바닐라향과 버터향, 캐러멜향을 내며, 강한 토스트는 볶은 커피, 훈제 베이컨, 정향, 생강, 숯 등의 향을 낸다.

오크통은 와인과 공기와의 미세한 접촉(통기성)과 오크나무에 함유되어 있는 페놀성분을 통해 복합적인 부케를 형성시키고, 오크의 탄닌 성분은 와인의 바디를 강화시켜 탄탄한 바디를 형성하는데 도움을 준다. 새 오크통은 더 많은 탄닌을 제공하고 숨을 더 많이 쉬며, 오크의 나이테에서 와인을 부드럽게 하는 물질로 다양한 바닐라 맛을 내는데 기여하기 때문에 통상적으로 고가의 와인들은 새 오크통을 사용하며 재활용 오크통의 경우 저가와인이나 은은한 오크향의 효과를 내고자 할 때 사용한다.

와인 병타입

와인병은 코르크마개와 함께 와인의 맛과 수명에 혁명적인 변화를 가져온 새로운 발명품이며 와인의 상징이라고 할 수 있다. 16세기 중반까지 와인은 공기가 잘 통하는 나무통에 저장되어 1-2년 내 변질되고 와인의 가치까지 떨어지곤 하였으나 이후 유리병이 발명되면서 'Vin de garde'(숙성용 와인)의 수요가 증가하고 가치가 상승하기 시작했다.

와인병은 와인을 저장·숙성시키고 외부의 충격과 빛으로부터 와인을 보호하며 국가별 또는 지역별로 구분짓게 한다. 와인병의 모양은 크게 보르도, 부르고뉴, 독일(알자스)타입으로 구분되며 대부분의 국가에서 이 모양을 사용한다. 보르도타입은 어깨가 위로 올라와 있는 반면, 부르고뉴타입은 어깨선이 부드럽게 내려온 모양이다. 보르도타입의 경우 탄닌이 강하고 묵직한 보르도와인의 특성을 담아 와인의 침전물을 걸러주는 역할을 하기도 한다.

부르고뉴 병 보르도 병 샴페인 병 플룻 병

와인병의 기본적인 기능

- 병 속에 든 와인을 외부 공기로부터 차단해 산화를 막는 일
- 와인의 맛과 향이 햇빛에 노출되어 변질되는 것을 방지

- 병 속의 와인이 계속 숙성되어 질이 한층 나아지게 하는 역할
- 와인병의 모양은 나라와 지방에 따라 저마다 상이하여 특히 와인의 역사가 깊은 유럽에서는 특유의 병모양이 곧 그 지역을 상징하기도 함

코르크 마개

참나무로 만든 천연소재이며, 포르투갈이 코르크마개 세계시장의 약 90% 이상을 차지한다. 고대 그리스, 로마시대부터 사용되어 왔으며, 17세기 제병공업이 발달하면서 보편적으로 사용되었다. 코르크 틈새로 와인이 호흡하며 숙성되기 때문에 주로 숙성이 필요한 고급 와인보관에 필수적이며 온도에 따라 수축과 팽창이 유연하며, 압축성, 원상복구 능력이 우수하다.

천연 코르크

샴페인 코르크

압착 코르크

합성수지 코르크

스크류캡은 미국, 호주, 칠레 등 신세계 국가와인에서 많이 사용되고 있는 코르크의 대체품이다. 공기를 완전 차단하기 때문에 병숙성이 필요없는 와인이나 구입후 바로 마셔도 좋은 와인에 적합하다. 코르크마개에 비해 생산원가가 저렴하고 변질 위험(코르크의 TCA오염문제)이 적은 것이 장점이다.

"거칠고 드라이한 맛이 숙성이 되면
풀바디의 부드러운 질감을 갖는다"

CHAPTER 03

포도품종

CHAPTER 03

포도품종

1. Red_레드와인을 만드는 대표품종

까베르네 쇼비뇽(Cabernet Sauvignon)

▶ 주요 산지

프랑스 보르도 지방으로 특히 메독(Madoc)과 그라브(Graves)지역의 대표품종이다. 샤또 라뚜르(Château Latour), 샤또 마고(Château Margaux), 샤또 오브리옹(Château Haut-Brion) 등 최고급와인을 만들며, 신세계국가 등 전 세계적으로 가장 많이 재배된다.

▶ 그 밖의 프리미엄지역

호주(쿠나와라, 마가렛 리버), 뉴질랜드(헉스 베이), 캘리포니아(나파 밸리, 소노마), 칠레(센트럴 밸리), 아르헨티나(멘도사), 남아프리카 공화국(스텔렌보쉬)

▶ 아로마 & 부케

숙성이 됨에 따라 삼나무, 바닐라, 초콜렛, 카시스, 시가박스, 삼나무, 버섯, 가죽, 흙냄새가 난다.

▶ 산도

높다.

▶ 서늘한 기후 / 덜 익은 열매

레드베리, 유칼립투스, 그린페퍼,

▶ 따뜻한 기후 / 잘 익은 열매

블랙베리, 블랙체리, 카시스

▶ 특징

장기 숙성타입의 와인으로써 숙성시간이 지남에 따라 터프한 질감에서 부드럽게 변하며, 색이 진하고 탄닌이 강한 편이다.

▶ 블렌딩

메를로, 쉬라즈, 말벡, 까르메네르

피노누아(Pinot Noir)

▶ 주요 산지

프랑스 부르고뉴의 대표품종으로 캘리포니아, 호주 등에서도 재배된다. 세계적으로 유명한 로마네 꽁띠(Romanée-Conti)를 만든다.

▶ 그 밖의 프리미엄지역

뉴질랜드(마틴버러, 말보로, 센트럴 오타고), 캘리포니아(소노마, 카네로스), 칠레(카사블랑카)

▶ 아로마 & 부케

레드베리, 레드체리 등 과일향과 맛이 강하며, 숙성이 됨에 따라 버섯, 가죽, 흙, 담배 등의 향을 지닌다.

▶ 산도

높다.

▶ 서늘한 기후 / 덜 익은 열매

레드커런트, 라즈베리, 민트, 풀향, 토마토

▶ 따뜻한 기후 / 잘 익은 열매

블랙베리, 블랙체리, 꽃향

▶ 특징

껍질이 얇고(탄닌과 색상이 연함) 포도알이 작아서 날씨에 민감하다. 토양에 따라 와인의 개성이 달라지며, 프랑스 샹파뉴지방에서 샴페인을 만들기 위한 화이트와인용으로도 사용된다. 부드러운 질감의 라이트한 탄닌에서 숙성이 되어감에 따라 실키하며 향기 풍부한 고상한 스타일의 와인이 된다.

▶ 블렌딩

가메

메를로(Merlot)

▶ 주요 산지

프랑스 보르도 지방으로 특히 쌩떼밀리옹, 뽀므롤지역의 대표품종이다. 이 지역의 샤또 슈발 블랑(Château Cheval Blanc), 샤또 페트뤼스(Château Petrus)가 유명하다.

▶ 그 밖의 프리미엄지역

호주(마가렛 리버), 뉴질랜드(헉스 베이), 캘리포니아(나파 밸리, 소노마), 칠레(센트럴 밸리), 아르헨티나(멘도사), 남아프리카 공화국(스텔렌보쉬)

▶ 아로마 & 부케

블랙베리, 체리, 카시스, 초콜렛, 커피, 오크,...

▶ 산도

낮은편이다.

▶ 서늘한 기후 / 덜 익은 열매

레드베리, 피망, 민트, 유칼립투스

▶ 따뜻한 기후 / 잘 익은 열매

블랙베리, 잘 익은 자두, 잼

▶ 특징

탄닌이 적고 순하며 매끄러운 질감을 갖고 있다. 보르도에서는 까베르네 쇼비뇽, 까베르네 프랑과 함께 블렌딩하여 사용되는 경우가 많으나, 신세계 국가에서는 단일품종으로 사용되기도 한다.

▶ 블렌딩

까베르네 쇼비뇽, 말벡, 까르메네르

시라(Syrah)

▶ 주요 산지

프랑스 북부 론 지방의 크로즈 에르미따쥐, 에르미따쥐, 꼬뜨 로띠, 남부 론의 꼬뜨 뒤 론, 샤또네프 뒤 빠쁘 등의 와인을 만든다.

▶ 그 밖의 프리미엄지역

호주, 빅토리아, 헌터 밸리, 바로사 밸리, 맥라렌 베일

▶ 아로마 & 부케

병숙성 됨에 따라 카시스, 가죽, 커피, 탄 고무, 카라멜, 건포도향이 난다.

▶ 산도

부드럽다.

▶ 서늘한 기후 / 덜 익은 열매

레드커런트, 민트, 흰 후추, 산딸기

▶ 따뜻한 기후 / 잘 익은 열매

블랙베리, 블랙커런트, 검은 후추, 훈제향

▶ 특징

검붉은 색의 탄닌이 강하다.

▶ 블렌딩

까베르네 쇼비뇽, 그르나슈

그르나슈(Grenache)

▶ 주요 산지

프랑스 론 지방과 남부지방 등

▶ 그 밖의 프리미엄지역

스페인, 캘리포니아

▶ 아로마 & 부케

검은 베리류, 허브, 담배, 버섯, 가죽, 흙...

▶ 특징

과일향이 풍부하고 진하지만 부드럽다.

▶ 블렌딩

시라, 템프라니오

말벡(Malbec)

▶ 주요 산지

원산지는 프랑스, 현재는 아르헨티나 대표품종이다.

▶ 아로마 & 부케

검은 베리류, 말린 자두, 타르, 가죽..

▶ 특징

라이트 바디에 거칠고 드라이한 맛이 숙성이 되면 풀바디의 부드러운 질감을 갖는다.

까르메네르(Carmenere)

▶ 주요 산지

칠레에서 널리 재배되는 대표품종이다.

▶ 아로마 & 부케

검은 베리류, 말린 자두, 잼, 허브..

▶ 특징

소프트한 질감과 적당한 탄닌이 있다.

산지오베제(Sangiovese)

▶ 주요 산지

이탈리아 토스카나를 중심으로 전지역에 재배되며, '끼안티(Chianti)'의 주품종이다.

▶ 아로마 & 부케

딸기, 자두 등 과일향과 허브, 향신료, 버섯, 가죽...

▶ 특징

탄닌은 약하지만 장기숙성 타입의 와인이다.

네비올로(Nebbiolo)

▶ 주요 산지

이탈리아 피에몬테를 비롯한 북부전역에서 재배되며, '바롤로(Barolo)'의 주품종이다.

▶ 아로마 & 부케

병 숙성됨에 따라 장미꽃, 제비꽃, 초콜렛, 가죽, 타르향의 개성적인 향기가 난다.

▶ 산도

높다.

▶ 서늘한 기후 / 덜 익은 열매

꽃향, 레드체리, 딸기, 흰 후추

▶ 따뜻한 기후 / 잘 익은 열매

장미꽃, 블랙체리, 자두

▶ 특징

탄닌이 높고 매우 드라이하며 장기숙성 타입의 와인이다.

템프라뇨(Tempranillo)

▶ 주요 산지

스페인의 대표품종이며, '리오하(Rioja)'의 주요 품종이다.

▶ 아로마 & 부케

꽃향, 붉은 베리류, 담배, 가죽, 흙...

▶ 특징

탄닌이 적고 부드러운 편이다.

진판델(Zinfandel)

▶ 주요 산지

미국 캘리포니아의 대표품종이다.

▶ 아로마 & 부케

베리류의 과일향, 시가박스, 가죽, 버섯..

▶ 특징

과일향이 강하며, 다양한 타입의 와인을 만든다.

✻ 포도품종별 와인의 특성을 파악하고 싶다면 블렌딩된 복합미묘한 프랑스 와인보다는 단일품종을 사용한 미국 또는 칠레 등의 신세계와인을 테이스팅하는 것이 좋다.

2. White_화이트와인을 만드는 대표품종

샤르도네(Chardonnay)

▶ 주요 산지

프랑스 부르고뉴지방(Burgundy), 특히 샤블리지역을 대표하며, 전 세계 가장 많이 재배되는 품종이다.

▶ 그 밖의 프리미엄지역

호주(헌터 밸리, 아들레이드 힐스, 마가렛 리버, 패써웨이), 뉴질랜드(헉스 베이, 기스본, 말보로), 캘리포니아(소노마 카운티, 카네로스), 칠레(카사블랑카 밸리), 아르헨티나(멘도사)

▶ 아로마 / 부케

아로마 특징이 낮으며, 새 오크 또는 떼루아에 의해 쉽게 특징이 생긴다. 오크숙성을 하지 않은 경우는 식물향이 나며, 오크 숙성한 경우는 꿀, 버터, 견과류, 카라멜, 토스트향이 난다.

▶ 산도

거의 보통이나 서늘한 기후일 경우 강할 수 있다.

▶ 서늘한 기후 / 덜 익은 열매

사과, 멜론, 라임, 천도복숭아

▶ 따뜻한 기후 / 잘 익은 열매

감귤류, 망고, 파인애플, 복숭아

▶ 특징

신선할 때 마시는 것이 좋으나 고급와인일 경우 숙성에 의해 맛이 더욱 깊어진다. 와인의 스타일이 대체로 드라이하다.

▶ 블렌딩

쎄미용

리슬링(Riesling)

▶ 주요 산지

독일대표품종으로 모젤 – 자르 – 루버, 라인가우, 라인헤센, 팔츠 등에서 재배된다.

▶ 그 밖의 프리미엄지역

프랑스(알자스), 오스트리아, 호주(클레어 밸리, 에덴 밸리), 뉴질랜드(남섬)

▶ 아로마 & 부케

초기에는 단조로우나 숙성과 함께 진한 향을 내며, 사과, 감귤향, 꽃향 등 싱싱한 과일 풍미를 느낄 수 있다. 귀부와인의 경우 견과류, 잼, 건포도등의 향을 갖는다.

▶ 산도

높다.

▶ 서늘한 기후 / 덜 익은 열매

푸른 사과, 레몬, 라임, 꽃향기, 미네랄

▶ 따뜻한 기후 / 잘 익은 열매

자몽, 복숭아, 배

▶ 특징

드라이에서 스위트까지 다양한 타입의 와인을 만든다.

쇼비뇽 블랑(Sauvignon Blanc)

▶ 주요 산지

프랑스 보르도지방의 그라브, 쏘떼른지역, 루아르 지방, '쌍세르(Sancerre)', '뿌이 퓌메(Pouilly Fume)'가 유명하다.

▶ 그 밖의 프리미엄지역

뉴질랜드(말보로), 남아프리카 공화국, 캘리포니아(나파 밸리), 칠레(카사블랑카 밸리)

▶ 아로마 & 부케

아로마가 매우 강하며, 잔디, 풀향기, 스모키향이 특징이다.

▶ 산도

높다.

▶ 서늘한 기후 / 덜 익은 열매

잔디, 풀, 구즈베리 열매

▶ 따뜻한 기후 / 잘 익은 열매

열대과일향, 무화과, 구아바

▶ 특징

대부분 초기에 신선할 때 마시며, 적지만 오크숙성 될 경우 드라이하고 복합적인 스타일의 와인이 되기도 한다. 또한 농축된 스위트한 귀부와인이 되기도 한다. 독특한 향기가 인상적이며, 미국에서는 스모키(Smoky)라는 의미로 퓌메 블랑(Fume blanc)이라 불린다.

슈냉 블랑(Chenin Blanc)

▶ 주요 산지

프랑스 루아르, 호주, 남아프리카 공화국

▶ 아로마 & 부케

질 좋은 와인은 병숙성 됨에 따라 모과, 꿀, 왁스, 사향을 풍기며 뛰어난 와인이 되며, 귀부와인의 경우 건포도, 야채, 향신료향기를 낸다.

▶ 산도

높다.

▶ 서늘한 기후 / 덜 익은 열매

푸른 사과, 레몬, 왁스

▶ 따뜻한 기후 / 잘 익은 열매

포도, 잘 익은 사과, 벌꿀, 레몬, 살구

▶ 특징

색깔이 투명색에 가까우며, 달콤한 향기와 가볍고 경쾌한 맛이 특징이다.

게부르츠트라미네(Gewurztraminer)

▶ 주요 산지

프랑스 알자스지방, 독일, 호주, 미국, 뉴질랜드 등..

▶ 아로마 & 부케

강렬하고 향기롭다.

▶ 산도

낮다.

▶ 서늘한 기후 / 덜 익은 열매

라벤더향

▶ 따뜻한 기후 / 잘 익은 열매

장미, 향신료

▶ 특징

대부분 신선할 때 마시며, 오크 숙성은 거의 없다. 강하고 독특한 향기를 지니며, 귀부현상으로 인한 스위트 와인이 되기도 한다.

쎄미용(Semillon)

▶ 주요 산지

프랑스 보르도지방, 쏘테른지역..

▶ 아로마 & 부케

초기에는 단순하지만 숙성됨에 따라 복합적이다. 귀부와인의 경우, 건포도, 꿀, 사향이 난다.

▶ 산도

부드러운 편이다.

▶ 서늘한 기후 / 덜 익은 열매

잔디, 아스파라거스, 레몬, 구즈베리

▶ 따뜻한 기후 / 잘 익은 열매

사과, 자몽, 천도복숭아, 구아바, 파인애플

▶ 특징

드라이부터 스위트까지 다양한 와인이 되며, 특히 껍질이 얇아 귀부와인이 되기도 한다.

✽ 레드와인용 품종과는 달리, 화이트와인용 품종은 탄닌의 맛이 나지 않는 대신 '산도'에 대한 평가를 첨가하는 것이 중요한 특징이다. 후레쉬함과 청량감이 중요하기 때문에 오크숙성을 거치지 않는 경우가 많다.

✽ **귀부현상**

늦가을 강변의 아침안개와 한낮의 햇살에 의한 온도변화가 보트리티스 시네레아(Botrytis Cinerea)라는 곰팡이의 번식을 촉진시킨다. 이 곰팡이 균은 포도껍질에 붙어 포도의 수분을 증발시키고 포도 알맹이 속에 다양한 반응을 일으켜 당도가 높고, 복합 미묘한 성분의 포도를 만든다. '귀할 귀(貴)'에 '썩을 부(腐)'를 의미한다.

N·O·T·E

"너무 익으면 신선도가 떨어지고,
덜 익으면 풋내가 나고 당도가 부족하다."

CHAPTER 04

와인 양조과정

CHAPTER 04

와인 양조과정

포도의 숙성도는 와인의 질과 타입을 결정하기 때문에 양조자는 포도송이를 수확하기 전 당도 검사를 통해 수확시기를 결정한다. 너무 익으면 신선도가 떨어지고, 덜 익으면 풋내가 나고 당도가 부족하다. 수확한 포도를 컨테이너에 담아 양조장으로 운반한다.

제경

포도송이에서 포도줄기를 제거한다. 포도송이를 통째로 담는 경우도 있으나 좋은 와인을 만들기 위해서는 제경과정이 꼭 필요하다. 곰팡이가 낀 귀부와인의 경우 제경을 하지 않는다.

파쇄

포도를 으깨어 주스와 고형물을 분리한다. 지나치게 으깨어지면 껍질과 씨에 손상을 주어 쓴맛과 풋내가 날 수 있으므로 가볍게 압착시켜준다. 특히 화이트 와인의 경우 가능한 가벼운 압착으로 껍질과 씨에서 유출되는 성분을 최소화하며, 샴페인의 경우 적포도에서 색깔이 많이 나오지 않게 하기 위하여 제경을 하지 않는다. 포도를 압착시킨 후 흘러나오면 아황산을 첨가하여 산화를 방지하고 온도를 유지시켜 발효가 되도록 한다.

1차 발효(알코올 발효)

발효탱크는 오크, 시멘트, 스테인리스 스틸 탱크 등 다양하다. 발효 중 온도는 너무 높거나 낮으면 이스트의 생육이 어려워지므로 적정한 온도유지가 중요하다. 이때 와인의 산화방지 및 살균을 위해 이산화황(SO2)을 첨가하며, 이스트를 첨가하기도 한다. 레드와인의 색소추출과정에서는 위로 떠 오른 껍질을 가라앉히고 탱크 내용물의 균질화와 색소추출을 위하여 펌핑 오버(Pumping Over) 과정을 거친다.

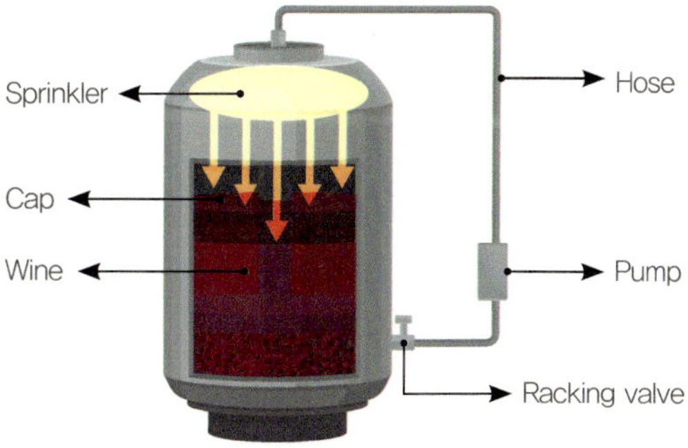

압착

고형물을 분리시키는 작업으로 자연적으로 유출되는 프리 런 와인(Free run wine)은 고급와인용으로 쓰이며, 압착시켜 유출된 프레스 와인(Press wine)은 탄닌 함량이 많아 따로 저급와인이나 혼합으로 사용된다.

2차 발효(젖산발효)

1차 발효 후에 찌꺼기를 분리한 후에는 젖산발효에 들어간다. 이 발효는 산을 감쇄시키는 감산발효라고도 하며 이를 통해 와인의 맛과 향이 더 부드러워지고 세련되어 진다. 신선함이 생명인 화이트와인이나 로제와인에서는 이 단계를 생략한다. 이 발효는 포도에 있는 사과산(Malic acid)이 박테리아에 의해 젖산(Lactic acid)으로 변하는 숙성의 첫 단계라 할 수 있는 레드와인에서는 필수적 과정이다.

숙성후 병입

스테인레스 스틸 또는 오크통에서 숙성과정을 거쳐 병입되어 진다. 숙성을 통해 갓 발효가 끝난 거친 와인은 맛과 향이 풍부해지면서 거칠고 쓴맛이 부드럽게 변화된다.

아황산염 SO_2

- ✲ 와인을 안전하게 보관하기 위한 산화방지제 역할
- ✲ 식품이 발효하면 아주 미세한 양이지만 자체 발생하기도 함
- ✲ 와인의 후면 레이블에 아황산염 포함 문구 표기
- ✲ 과잉 주입시, 두통, 천식유발가능성
- ✲ 와인에 금속성 느낌을 주며, 과량일 경우 자극적인 냄새를 풍길 수 있기에 주의
- ✲ 이산화황 허용량은 와인의 타입과 국가에 따라 다소 차이가 있음

"프랑스 와인이 세계적으로 유명한 것은 바로 역사적으로 오랜 전통과 전통적 양조기술을 가지고 있기 때문이다."

CHAPTER 05

국가별 와인 (구세계)

CHAPTER 05
국가별 와인(구세계)

1. 프랑스

프랑스 와인이 세계적으로 유명한 것은 바로 역사적으로 오랜 전통과 전통적 양조기술을 가지고 있기 때문이다. 로마가 갈리아를 정복하여 포도나무를 재배하기 수세기 전에 이미 그리스 인들이 포도나무를 프랑스의 마르세유(Marseille)에 재배하기 시작했다. 본격적인 양조는 B.C. 1세기 로마가 이 지역을 지배하면서 주민을 정착시키기 위한 의도적 양조를 장려하면서 부터이다. 당시 로마군은 교통이 편리한 바다와 강을 따라 점령지를 확대하고 점령지에는 포도원을 만들도록 하였다.

대서양과 지중해가 둘러싸고 있는 육각형의 프랑스는 그 어느 나라보다도 포도재배에 알맞은 석회질 토양이 많으며, 프랑스 북부의 일부를 제외하고 전 국토에서 와인이 생산되고 있다. 지롱드 강을 중심으로 강의 좌우 유역에서 주로 생산되는데, 보르도, 부르고뉴, 론, 루아르, 알자스, 꼬뜨 드 프로방스, 랑그독-루씨용, 샹파뉴의 8개 지역을 구분된다.

보르도(Bordeaux)

전 세계 레드와인의 중심지이며, 묵직한 느낌의 풀바디한 장기숙성 타입의 레드와인을 생산한다. 도르도뉴 강과 가론 강이 합쳐져 지롱드 강을 형성하는 곳으로 적절한 습도와 온도를 유지하며, 서리 피해를 줄여준다. 서쪽은 자갈이 많은 척박한 토양으로 배수가 잘되고, 동쪽은 점토와 석회질이 혼합된 토양을 갖고 있다. 강에서 멀수록 점토가 많아 조악한 와인을 생산하게 되며, 최고의 밭들은 좋은 배수로와 가깝다.

와인을 양조시 까베르네 쇼비뇽과 2품종이상(까베르네 프랑, 멜를로, 쁘띠 베르도, 말벡)의 다른 품종과 블렌딩하여 만드는게 특징이며, 혼합 비율은 양조자에 따라 다르다.

보르도의 경작지는 부르고뉴보다 규모가 크며, 소유주는 적다. 프랑스 AOC 와인 중 25%가 보르도산이며, 과거 1970년까지는 레드 와인보다 화이트 와인을 더 많이 생산하였으나, 현재 보르도 와인은 레드 와인이 약 84%, 화이트 와인이 약 16%를 차지하고 있다.

보르도 지방의 대표적인 와인생산지역

▶ 메독(Medoc)

메독은 크게 북쪽의 바 메독(Bas-Medoc)과 남쪽의 오 메독(Haut-Medoc) 으로 나뉜다. (와인상표의 'Medoc'은 메독의 북쪽 '바메독'을 뜻한다.) 메독의 남쪽 지역 오 메독안에는 생떼스테프(Saint-Estephe), 포이약(Pauillac), 생쥴리앙(Saint-Julien), 리스트락(Listrac), 물리(Moulis), 마고(Margaux)의 유명한 6개의 A.O.C 지역이 있다. 레드 와인만 생산한다.

▶ 뽀므롤(Pomerol)

보르도의 고급 레드 와인 생산지 중 규모가 가장 작은 지역이며, 자갈이 많은 점질 토양으로 까베르네 쇼비뇽은 잘 자라지 못해서 토양의 성질에 맞는 메를로와 까베르네 프랑을 주로 재배한다. 19세기까지는 와인 명산지로 유명하지 않았는데 1960년대부터 '샤또 페트뤼스(Château Petrus)'를 선두로 명성이 알려지기 시작했다. 뽀므롤은 샤또의 규모가 작고 생산량이 적어 희소가치가 높다고 설명한다. 등급이 복잡한 다른 지역과 달리 뽀므롤 지역은 공식적인 샤또 등급이 없다. 포므롤에는 레드 와인만 생산되는데, 부드럽고 과일 풍미가 풍부하며 메독 와인보다 시음적기가 빠른 것이 특징이다.

▶ 그라브(Graves)

자갈(Graves)이 많은 토양의 특성에서 이름 붙여진 것이다. 그라브 지역은 레드와인에는 까베르네 쇼비뇽과, 까베르네 프랑, 메를로를 주로 사용하고 화이트 와인에는 강하고 풍부한 맛을 내는 쎄미용과 산미가 강한 쏘비뇽 블랑을 주로 이용한다고 한다. 레드 와인과 드라이 화이트 와인 모두 생산한다. 유명한 샤토 오브리롱(Château Haut Brion)의 생산지이며, 고급 샤또가 많은 북부 그라브 지역의 페삭 레오냥(Pessac-leognan)은 우수한 레드와 화이트와인을 만든다.

▶ 쌩떼밀리옹(Saint-Emilon)

멜를로, 까베르네 프랑을 위주로 하여 와인의 맛이 온화하고 부드러운 것이 특징이다. 쌩떼밀리옹은 내륙과 고원의 기질을 갖고 있으며, 토양이 습하고 차가워 까베르네 쇼비뇽은 잘 익지 않는다. 샤또 오종(Château Ausone), 샤또 슈발블랑(Château Cheval Blanc)이 유명하다. 레드 와인만 생산한다.

▶ 쏘떼른(Sauternes)

쏘떼른의 와인 등급은 특등급 1개와, 1등급 11개, 2등급 14개로 나눠지는데 특등급에 속하는 '샤또 디켐(Château d'Yquem)'은 세계에서 가장 비싼 화이트와인에 속한다고 한다. 쏘떼른은 아키텐 지방의 구석에 있는 따뜻하고 비옥한 땅으로 가을철 저녁이면 시롱강을 따라 안개가 끼어 새벽 이후까지 머문다. 소량의 포도를 여러 번 나눠 수확하는 것이 특징이며 보트리티스 곰팡이가 포도를 잘 썩게 할 때까지 기다리며 11월 늦게 까지 8~9번에 걸쳐 수확을 한다. 귀부균은 안개 낀 밤에 세미용, 쇼비뇽 블랑, 뮈스카델 등의 포도에 감염되어 한낮의 열기에 증식해 포도알을 건포도처럼 만든다. 귀부병에 걸린 포도는 곰팡이냄새 없이 다량의 수분만 밖으로 내보내며, 당분과 산, 향기만 농축된 상태로 된다.

▶ 포도품종

레드와인용으로는 까베르네 쇼비뇽, 멜를로, 까베르네 프랑, 쁘띠 베르도, 말벡, 이 중 까베르네 프랑과 멜를로는 와인의 맛을 부드럽게 하기 위해 사용되며, 쁘띠 베르도와 말벡은 색깔과 산도조절용으로 사용된다. 화이트와인용으로는 쇼비뇽 블랑, 쎄미용이 재배되며, 메독에서 생산된 것이라 할지라도 '보르도'로 표기되어 판매된다.

메독지역에는 전통적으로 포도원의 등급을 1-5등급으로 나누는 '그랑크뤼 클라세'라는 등급 기준이 있다. 그랑 크뤼 클라세(Grand Cru Classe)는 A.O.C 등급이 생기기 이전인 1855년 파리 박람회 때 나폴레옹 3세가 세계 여러 나라에 보르도 와인을 소개하기 위해 와인 순위를 정하게 된 데서 유래되었다.

〈표-2〉 보르도 1등급 와인(Grand Cru Classe, 1855년)

포도원(샤또)	AOC
샤또 라뚜르(Ch. Latour)	포이약(Pauillac)
샤또 라피트 로칠드(Ch. Lafite-Rothschild)	포이약(Pauillac)
샤또 무똥 로칠드(Ch. Mouton-Rothschild)	포이약(Pauillac)
샤또 마고(Ch. Margaux)	마고(Margaux)
샤또 오브리옹(Ch. Haut-Brion)	페삭 레오냥(Pessac-Leognan)-그라브

2등급에 속하는 와인은 14개, 3등급에는 14개, 4등급에는 10개, 5등급에는 18개의 샤또가 선정되어 61개의 샤또만이 그랑크뤼 클라세에 속한다고 한다. 그동안 시간이 많이 지났음에도 불구하고 1973년 샤또 무통 로칠드(Ch. Mouton Rothschild)가 50년을 투쟁해 2등급에서 1등급으로 순위변동 된 것 이외에는 이제까지 순위 변동 없이 이어져 오고 있다. 등급에서 누락된 생산자를 대상으로 '부르주아 크뤼'라는 별도의 등급 부여 방식도 행해지고 있다.

※ 클라레(Claret)란 보르도산 레드와인을 칭하는 영어이다.

▶ 보르도 AOC

- Appellation Bordeaux Controlee:
  보르도지방에서 생산되는 가장 일반적인 품질의 와인
- Appellation Haut-Medoc Controlee:
  보르도 지방의 메독지역에서 생산된 와인으로 보르도 AOC보다 품질이 우수
- Appellation Saint-Estephe Controlee:
  보르도 지방의 메독 지역내의 쌩떼스테프(Saint-Estephe)라는 마을에서 생산된 와인으로 메독와인보다는 행정단위가 좁은 고급품질의 와인

- Bordeaux 〉 Haut-Medoc 〉 Saint-Estephe(쌩떼스테프)
  Pauillac(뽀이약)
  Saint Julien(쌩 줄리앙)
  Listrac(리스트락)
  Moulis(물리)
  Margaux(마르고)

※행정단위가 좁아질수록 고급와인이다.

부르고뉴(Bourgogne)

부르고뉴는 프랑스에서 토지가 가장 잘게 나뉜 곳으로 와인의 맛과 품질에 있어 예측불가능한 곳이다. 같은 해 동일 코뮌(Commune)의 동일 클리마(Climat)에서도 생산자와 와이너리가 여럿이다. 생산자 한명이 밭 전체를 가진 모노폴(Monopole)은 예외적이다. 부르고뉴 와인의 상당수가 네고시앙 와인이며 양조 직후의 와인을 배럴 단위로 구입해 같은 AOC 와인들과 블렌딩하여 특정인의 와인이 아닌 일관된 품질의 지역 대표와인으로 판매한다. 부르고뉴 레드와인의 경우 탄닌이 적고 부드럽고 풍미가 가득하며, 부르고뉴 와인생산자들은 레드 와인 양조시 대부분 100% 피노누아를(보졸레는 예외로 100% 가메 사용) 사용한다. 화이트와인의 경우 전부 샤르도네만 사용한다.

부르고뉴지방의 대표적인 와인생산지역

▶ 꼬뜨 도르(Cote d'or)

"Cote d'Or"는 "황금의 언덕"이라는 뜻으로 면적은 길이 약 48km, 폭 약 0.8km에 불과하며, 꼬뜨 드 뉘(Cote de Nuit)와 꼬뜨 드 본(Cote de Beaun)의 두 지역으로 나뉜다. 꼬드 드 뉘(Cote de nuits)에서는 세계적으로 유명한 고급 레드와인인 로마네 꽁띠(Romanée Conti)와 뮈지니(Musigny), 나폴레옹이 즐겨 마셨던 와인으로 유명한 샹베르땡(Chambertin clos de beze)이 생산되며, 꼬드 드 본(Cote de Beaune) 에서는 그랑 크뤼 레드와인으로 유명한 코르통(Corton)을 생산하며, 몽라쉐(Montrachet), 뫼르쏘(Meursault) 등의 세계적 고급 화이트와인이 생산된다. 그랑 크뤼 빈야드 대부분이 꼬뜨 드 뉘 지역에 있으며, 각 그랑 크뤼 AOC명에다 포도원 이름만 추가해도 부르고뉴 최고의 보증 수표가 된다.

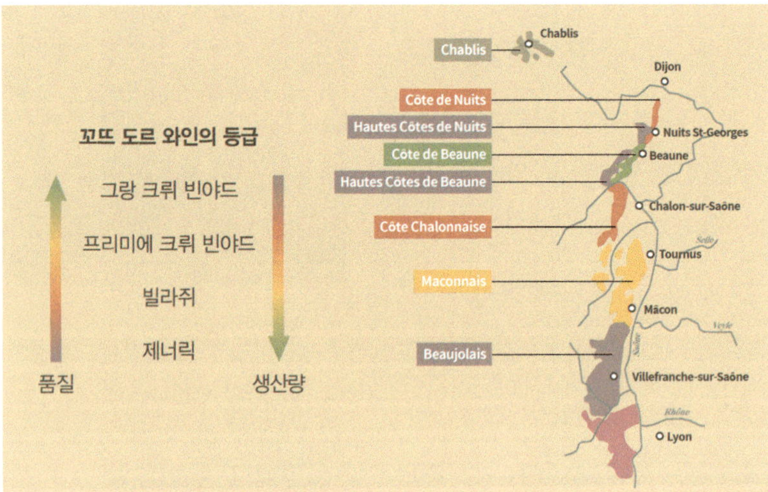

▶ 샤블리(Chablis)

차가운 석회질 점토의 토양으로 샤르도네 품종이 잘 자라며, 화이트와인만을 생산한다. 코트 드 본의 좌상급 화이트가 지닌 풍미에다가 섬세함을 더한다.

▶ 샤블리 와인의 등급

- 샤블리 그랑 크뤼(Chablis Grand Cru): 샤블리에서 가장 고급와인으로 7개의 포도밭이

있으며, 10년 이상의 장기숙성 타입의 와인이다.

- 샤블리 프리미에르 크뤼(Chablis Premier Cru): 40개의 포도밭이 있으며 그랑 크뤼 수준에는 못 미치지만 훌륭한 고급와인이다.
- 샤블리(Chablis): 샤블리 전지역에서 생산되는 일반와인이며 신선하고 가벼운 타입의 와인이다.
- 쁘띠 샤블리(Petit Chablis): 가장 낮은 등급으로 저렴하며 빨리 마시면 좋은 가벼운 타입의 와인이다.

▶ 꼬뜨 샬로네즈(Cote Chalonnaise)

우수한 품질의 피노누아 와인이 생산되는 지역으로 주로 피노 누아와 샤르도네가 재배된다. 대표적인 AOC는 메르뀌레(Merucurey), 륄리(Rully), 지브리(Givry), 몽딴니(Montagny), 부즈롱(Bouzeron)이 있다.

▶ 마꼬네(Maconnais)

꼬뜨 도르의 품질에는 못 미치지만, 화이트와인의 명산지로 뿌이 퓌세(Pouilly-Fuisse), 쌩 베랑(Saint Veran), 뿌이 벵젤(Pouilly Vinzelles), 뿌이 로셰(Pouilly Loche), 비레 클레쎄(Vire-Clesse)와 같은 고급 샤르도네 와인이 생산된다. 가메 품종으로 소량의 레드와인도 생산된다.

보졸레(Beaujolais)

보졸레 누보와 같은 라이트하고 과일 풍미가 풍부한 레드 와인생산지로 유명하다.

▶ 보졸레 등급

- 보졸레: 보졸레 와인 대부분이 속하는 기본 등급
- 보졸레 빌라쥐: 보졸레의 특정 마을에서 생산된 블렌딩와인이며 보통 라벨에 마을이름이 명시되지 않는다.
- 크뤼: 보졸레 와인 중 최상급으로 생산 마을이름이 라벨에 명시된다.

보졸레 누보(Beaujolais Nouveau)

보졸레 지역은 프랑스 최고의 화이트와인을 생산하는 부르고뉴의 남단 리옹 시 위쪽에 위치해 있다. 이곳에서 재배되는 가메(Gamay) 품종은 포도품종의 한계로 인해 보르도나 부르고뉴처럼 장기간 보관, 숙성 가능한 고급와인을 만들어낼 수 없었다. 가메의 이러한 단점을 장점으로 바꾸어 마케팅전략에 성공한 것이 바로 보졸레 누보(Nouveau = new)이다. 지금 아니면 마실 수 없다는 "희소성의 가치"를 앞세워 매년 11월 셋째주 목요일 자정을 기해 전 세계적으로 비행기 공수를 한다.

CO_2방식의 단기숙성 양조방법으로 탄닌이 적고 과일향의 신선한 맛과 향이 살아 있고, 강한 붉은빛을 띈다. 구입즉시 마시는 것이 좋다.

탄산가스 침용추출법(Carbonic Marceration)은 수확한 포도를 분쇄과정 없이 통째로 밀폐된 탱크에 넣고 탄산가스를 가득 채워 산소를 없앤 뒤, 맨 위의 포도부터 발효가 시작되게 하는 것이다. 이는 빠른 시간 내에 포도의 향과 맛을 극대화하기 위한 것으로 이 방법을 통해 보졸레 와인만의 신선함, 상큼함과 풍부한 과일 향이 만들어지게 된다. 누보는 숙성기간 없이 정제하여 출하되며, 빌라쥐 급이나 크뤼 급은 2~6개월 숙성시킨 후 병입된다.

▶ 포도품종

단일품종만을 사용하며, 레드와인용으로는 피노누아(Pinot Noir), 가메(Gamay), 화이트와인용으로는 샤르도네(Chardonnay)와 알리고떼(Aligote) 품종이 재배된다. 클리마(Climat : 포도밭을 나누는 구획, 특정 포도밭을 뜻함)로 인해 같은 포도밭이라 할지라도 생산자에 따라 맛과 품질이 달라진다.

부르고뉴의 등급은 포도밭의 기후, 토양의 성질, 경사도 및 방향을 고려해서 지역명칭와인, 빌라쥐 와인, 프리미에르 크뤼, 그랑크뤼 4가지로 나누어진다.

▶ 부르고뉴와인 등급

- 지역명칭와인(Les Appellation Regionales): 부르고뉴 지역 내에서 생산된 와인으로 레이블에는 지역명만 기재된다.
- 빌라쥐 와인(Les Appellation Communales, Village wine): 우수한 품질의 와인을 생산하는 곳으로 인정된 곳
- 프리미에르 크뤼(Les Appellation Premier Crus): 빌라쥐에 있는 특정 포도밭에서 생산되는 와인 중에서 독특한 개성과 품질이 좋다고 인정되는 곳
- 그랑크뤼(Les Appellation Grands Crus): 최상급의 와인으로써 프리미에르 크뤼 중 선택된 포도밭에서 생산되는 와인

보르도와 부르고뉴 지방은 프랑스 와인의 양대 산맥이라고 볼 수 있으며, 이 둘의 특징을 알면 더 쉽게 접근할 수 있다. 와인에 입문하려 한다면 탄닌이 강하고 묵직한 느낌의 보르도와인과 옅은 색상의 탄닌이 적고 과일향이 풍부한 부르고뉴와인을 비교 테이스팅하는 것도 좋다.

〈표-3〉 보르도와 부르고뉴의 비교

타입	보르도	부르고뉴
와인의 특징	탄닌성분이 강하고 묵직한 느낌	색상이 옅고 탄닌성분이 적음
이름	'샤또 OO' 양조자 이름 (샤토/Château : 자체 내에 포도농장을 가진 와인 공장)	마을, 포도밭 등 토지이름을 사용
포도품종	까베르네 쏘비뇽, 까베르네 프랑, 멜를로 등을 블렌딩	피노누아, 가메, 샤르도네의 단일품종 사용
지형과 토양	비교적 평탄한 지형	지형과 토양에 따른 변화가 큼

양조자	각 샤또가 대규모의 포도원을 갖고 그곳에서 재배, 양조, 출하까지 이루어짐	하나의 밭을 여러명이 소유하는 소규모 경영, 클리마(Climat : 포도밭을 나누는 구획, 특정 포도밭을 뜻함)에 의해 관리되어 같은 포도밭이라 해도 생산자에 따라 그 맛과 품질이 현저히 다름
와인 병	오랜 숙성을 필요로 하는 와인이 많아 침전물을 걸러주기 위해 와인병의 어깨부분이 올라와 있는 형태	부드러운 곡선의 형태

샹파뉴(Champagne)

세계적으로 유명한 샴페인이 생산되는 곳이며, 샴페인이 되려면 샹파뉴출신이어야 한다. 샹파뉴는 위도상 잉글랜드를 제외한 어떤 와인생산지역보다도 높은 곳에 위치하지만, 바다와 인접하여 포도숙성에 도움이 되며 과실이 여물 무렵엔 기온이 높아 가을 전에 이미 필요한 당도와 산도를 머금게 된다.

샴페인은 피노 누아, 피노 뫼니에, 샤르도네의 3가지 품종을 사용하여 전통방식(Methode Traditionelle)으로 만들어진다. 샤르도네만으로 만든 샴페인은 블랑 드 블랑(Blanc de Blancs)이라고 표기되며, 피노 누아와 피노 뫼니에로 만든 샴페인은 블랑 드 누아(Blanc de Noirs)라고 표기된다.(Blanc : 영어의 White, Noir : 영어의 Black)

샴페인의 산업화는 19세기 초 뵈브 클리코(Veuve Cliquot)여사와 함께 시작하였으며, 그녀는 기포를 잃지 않으면서 2차 병발효 과정에서 생기는 침전물을 제거하기 위해 A자 형 푸피트르(Pupitre)를 이용한 병돌리기(르뮈아주 : Remuage)를 창안하였다. 병을 거꾸로 세워 손으로 돌려서 침전물이 서서히 코르크 위에 쌓이게 한

뒤, 영하 20도 차가운 염화칼슘 용액(냉각 소금물)에 병을 거꾸로 세워서 병 입구만 얼린 뒤 병마개를 열면 탄산가스 압력에 의해 올라오는 찌꺼기를 포함한 얼음을 제거하게 된다(데고르주망: Degorgement). 그 다음 부족한 만큼을 다른 와인으로 보충하고 이 과정에서 당도를 다양하게 조절한다(도자주: Dosage).

샴페인 제조시 블렌딩비율과 발효통의 차이가 샴페인의 스타일을 결정한다. 블렌딩시 백포도가 많이 들어갈수록 가벼운 스타일의 샴페인이 되며, 적포도가 많이 들어갈수록 풀한 스타일의 샴페인이 된다. 또한 스테인리스스틸 통보다 오크통에서 발효시킨 샴페인의 바디와 부케가 더 풍부하다.

▶ 와인등급표시

- 논 빈티지(Non-Vintage): 여러 해의 것을 혼합, 대부분의 샴페인에 해당(80%), 15개월 이상 숙성
- 빈티지(Vintage): 그 해 수확한 포도만 사용, 3-5년 숙성
- 프레스티지 꾸베(Prestige Cuvee): 꾸베 스페셜(Cuvee Speciale)이라고도 하며 첫 번째 짠 쥬스만을 사용하고 빈티지면서 장기 숙성시킨 것. 5-7년 숙성

〈표-4〉 당도에 따른 스파클링 와인의 분류

Extra Brut	Brut	Extra Dry	Sec	Demi Sec	Doux
매우 드라이 1리터당 6g	드라이 15g	약간 드라이 12~20g	약간 스위트 17~35g	스위트 33~50g	매우 스위트 50g이상

▶ 돔 페리뇽(Dom Perinon)

발포성 와인을 최초로 만든 사람이다. 지리적으로 북쪽에 있는 샹파뉴 지방은 기온이 낮은 지역으로, 신맛이 강한 별 볼일 없는 드라이 화이트 와인과 특징 없는 레드 와인을 생산하던 곳이다. 그러나 17세기 말 오빌리에 수도원의 와인 담당 수도사 돔 페리뇽(Dom

Perignon)이 샴페인을 발견하면서 세계에서 가장 유명한 와인 산지로 급부상하게 되었다.

추운 지방인 샹파뉴는 발효가 빨리 멈추게 되며, 당분이 남아 있는 와인은 봄이 되어 온도가 올라가면 다시 발효가 되면서 탄산가스를 만들어낸다. 탄산가스로 인해 병 속의 압력이 증가해 병이 깨지거나 병뚜껑이 날아가는 경우가 자주 있었는데, 이를 의아하게 생각하던 돔 페리뇽이 어느 날 이렇게 탄산가스로 가득 찬 술을 맛 보고는 그 특별한 맛에 놀라게 되면서 샴페인이 생겨나게 되었다.

샴페인에 대한 오해

'펑' 터트리는 와인은 다 샴페인이다??

샴페인은 프랑스 샹파뉴(Champagne) 지방에서 생산되는 스파클링 와인에만 'Champagne'라는 이름을 붙일 수 있다. 같은 재료와 제조 방법으로 만들어도 샹파뉴 지방 이외의 곳에서 생산된 스파클링 와인은 'Champagne'이라는 명칭을 쓰지 못한다. 그밖에 부르고뉴, 루아르, 알자스, 랑그독 지방 등에서는 크레망(Crement), 보르도 등에서는 뱅 무쉐(Vin Mousseux) 라고 한다.

국가별 스파클링와인의 명칭

▶ 프랑스

- 크레망(Cremant) : 샴페인(6기압)보다 압력이 약한 스파클링와인
- 무쉐(Mousseux) : 샴페인 외 모든 스파클링 와인의 총칭(3기압 이상)

▶ 독일

- 샤움바인(Schaumwein) : 모든 스파클링 와인의 총칭(3기압 이상)
- 젝트(Sekt) : 일정 기준을 만족시킨 3.5기압 이상의 스파클링 와인

▶ 이탈리아

- 스푸만테(Spumante) : 스파클링 와인의 총칭. 보통 아스티(Asti)라고 표기

- 프리잔테(Frizzante) : 압력이 약한 스파클링 와인

▶ 스페인

- 에스푸모소(Espumoso) : 스파클링 와인의 총칭
- 카바(Cava) : 샴페인 제조 방법으로 만든 스파클링 와인

알자스

독일과 인접하여 재배되는 포도품종이나 와인의 스타일, 와인 병모양도 독일과 비슷하나, 독일와인보다는 드라이하고 알코올도수가 높으며 상큼하고 향이 진한 것이 특징이다. 서늘한 기후로 질 좋은 화이트와인의 명산지이며, 피노 누아를 사용한 가벼운 레드와인과 로제와인도 소량 생산된다. 또한 피노 블랑(Pinot Blanc)을 주 품종으로 한 스파클링 와인인 크레망 달자스(Cremant d'Alsace)가 유명하다.

대부분의 프랑스 와인들은 레이블에 포도품종을 기재하지 않지만, 알자스 지방의 와인은 포도품종을 기재하는 특징이 있다.

▶ 포도품종

단일품종만을 사용하며 화이트와인용으로는 리슬링, 게부르츠트라미네르, 피노 블랑, 피노 그리, 뮈스까 등을 재배하고 레드와인용으로는 피노 누아를 재배한다.

▶ 알자스 와인등급표시

- 알자스 그랑 크뤼(Alsace Grand Cru) : 4가지의 고급품종(리슬링, 게부르츠트라미네르, 피노 그리, 뮈스까)중 단일품종으로 만든 특급와인이다.

- 알자스(Alsace) 또는 뱅 달자스(Vin d'Alsace) : 알자스 그랑 크뤼와 크레망 달자스를 제외한 일반 AOC와인이다.
- 크레망 달자스(Cremant d'Alsace) : 샴페인방식으로 만든 AOC를 가진 스파클링 와인이다.

루아르(Loire)

와인생산지역이 멀리 떨어져 있어 기후, 토양, 전통이 서로 다르나, 공통적으로 가볍고 상쾌한 산도가 있는 와인을 생산한다. 루아르 와인의 절반은 질좋은 화이트 와인 생산지이며 드라이 와인은 동쪽 상쎄르(Sancerre)와 뿌이(Pouilly), 서쪽 페이 낭때(Pay Nantais)에서 주로 생산되며, 가운데 지역인 투렌과 앙주에서는 슈냉블랑으로 만든 스위트와인을 만든다. 그 중에서도 다양한 스타일의 로제와인으로 유명하다.

루아르지방의 대표산지

▶ 페이 낭때(Pay Nantais)

뮈스카데(Muscadet) 드라이 화이트와인의 본고장이다. 믈롱 드 부르고뉴(Melon de Bourgogne)또는 가메 블랑(Gamay Blanc)으로 만들고 고급 해산물 요리와 매우 잘 어울린다.

▶ 앙주 소뮈르(Anjou-Saumur)

그롤로(Grolleau)를 사용한 스위트 로제와인인 로제당주(Rose d'Anjou), 까베르네 프랑과 까베르네 쇼비뇽으로 만든 드라이한 로제와인인 까베르네 당주, 슈냉 블랑으로 귀부 와인이 된 본조(Bonnezeaux)와 꼬뜨 뒤 레용(Coteaux du Layon), 루아르에서 잘 알려진 레드와인 소뮈르 샹피니(Saumur-Champigny)가 생산된다. 샤브니에르(Savennieres)는 슈냉 블랑으로 만든 루아르 최고의 드라이 화이트 와인이다.

▶ 투렌(Touraine)

다양한 와인이 생산된다. 쉬농(Chinon)과 부르괴이(Bourgueil)에서는 질 좋은 레드와인, 부브레(Vouvray)에서는 슈냉 블랑을 사용한 드라이 화이트와인이 생산된다.

▶ 어퍼 루아르(Upper Loire)

프랑스의 정 중앙에 위치하여 중부 지방이라고도 불리며 쇼비뇽 블랑을 사용한 허브와 스모키향이 강한 상쎄르(Sancerre), 뿌이 퓌메(Pouilly-Fume)가 유명하다.

▶ 포도품종

화이트와인용으로는 슈냉 블랑, 샤르도네, 쇼비뇽 블랑, 믈롱 드 부르고뉴, 레드와인용으로는 까베르네 프랑, 가메, 피노 누아, 그롤로가 재배된다.

론(Rhone)

프랑스 남동부 지역으로 부르고뉴의 남쪽에 있어서 기후가 뜨겁고 일조량이 많아 포도의 당분이 많다. 충분한 태양볕의 영향으로 주로 색깔이 진하고 묵직하며 알코올 도수가 높은 감칠맛 나는 개성강한 레드와인을 생산한다. 론 계곡의 포도밭은 북부와 남부로 구분되는데, 북부의 와인 생산량은 론 전체의 10분의 1도 되지 않지만 대부분이 고급와인이다. 북부 론의 레드와인은 시라를 주로 사용하고, 화이트 와인은 비오니에(Viognier)를 주품종으로 마르산(Marsanne)과 루산(Roussanne)을 혼합하며, 남부 론은 여러 품종을 블렌딩하여 생산자에 따라 다양한 개성을 나타낸다. 생산되는 와인 중 대부분이 레드와인이며, 소량의 로제와인과 화이트 와인이 생산된다.

▶ 주요생산지역

- 북부 론: 강하고 진한 시라를 단일품종으로 꼬뜨 로띠(Cote Rotie), 크로제 에르미따주(Crozes Hermitages), 에르미따주(Hermitages), 콩드리외(Condrieu), 쌩 조셉(Saint Joseph)등 우수한 레드와인이 생산된다. 특히 꼬뜨 로띠는 세계적으로 가파른 포도밭으로 독일 모젤 지역과 쌍벽을 이루며, 부드러운 과일향과 섬세한 풍미로 부르고뉴 와인과 닮았다. 최고의 레드와인 생산지인 에르미따주의 개별 클리마는 정남향으로 비탈 대부분이 온기를 잘 저장하는 화강암 토양의 계단식 밭을 이루고 있는 것이 강점이다.
- 남부 론: 덥고 건조한 곳으로 시라품종보다는 그르나슈를 중심으로 더위에 강한 여러 품종을 블렌딩하여 북부 론보다는 부드러운 와인을 만든다. 지공다스(Gigondas), 샤또네프 뒤 빠프(Châteauneuf-du-Pape), 타벨 로제(Tavel Rose) 등이 생산된다.

타벨 로제(Tavel Rose)

타벨은 프랑스에서 가장 유명한 로제와인을 생산한다. 타벨 로제는 드라이하고 묵직한 로제와인으로 그르나슈 품종을 주품종으로 하여 레드와인용 품종과 화이트와인용 품종을 함께 탱크에 넣어 압착시킨다. 이는 단기숙성과정을 통해 레드 와인 빛을 띄게 된다.

▶ 포도품종

- 북부 론: 레드와인용으로는 시라, 화이트와인용으로는 비오니에 재배
- 남부 론: 레드와인용으로는 그르나슈, 시라, 쌩쏘, 무르베드로, 화이트와인용으로는 루산, 마르산 재배

▶ 샤또네프 뒤 빠프(Châteauneuf-du-Pape)

'교황의 새로운 성'이란 뜻. 그르나슈를 중심으로 시라나 쌩쏘, 무르베드르 등 약 10여 종을 블렌딩하며 생산자에 따라 각기 다른 배율로 자신만의 와인을 만든다. 그르나슈 비

율이 높아 가볍고 색상도 연하지만, 알코올 도수는 높으며, 스파이시한 피니쉬가 느껴진다. 보통 1~2년 후면 마실 수 있다.

프로방스(Provence)

프로방스 곳곳에 숨어있는 포도원들은 2600여년의 역사를 지니고 프랑스에서 가장 오래된 포도원이며, 로제와인이 처음 만들어진 곳이다. 일조량이 너무 많아 당도가 떨어지는 관계로 최고급의 포도주는 생산되지 못하지만, 마시기 좋은 로제 및 화이트 와인, 레드와인을 많이 생산하고 있다.

프랑스에서 가장 오래된 포도밭으로 레드, 화이트, 로제와인 모두 생산되며 그 중 로제와인이 주를 이룬다. 특히 방돌(Bandol)지역의 방돌 로제는 타벨 로제와 로제 당주와 함께 프랑스의 3대 로제와인으로 꼽힌다.

▶ 포도품종

레드와 로제 와인은 주로 그르나슈, 시라, 쌩쏘, 무르베드르, 꺄베르네, 꺄리냥 품종이고 화이트 와인에는 쎄미용, 위니 블랑과 끌레렛트(Clairette)가 사용된다.

랑그독 루씨옹(Languedoc-Roussillon)

프랑스 전체 와인의 1/3이상이 생산되며, 대부분이 Vin de pays(뱅 드 페이 : 지역와인)급 와인들이다. 서부 랑그독에서 잘 알려진 AOC로는 미네르부아(Minervois), 코르비에르(Corbieres)등이 있으며, 동부 랑그독에서는 코뜨 뒤 랑그독(Coteaux du Languedoc), 생 슈니앙(St.-Chinian)이 잘 알려져 있다. 또한 뮈스카 포도로 만든 주정강화와인인 뱅 두 나투렐(VDN = Vin Doux Naturel)이 많이 생산된다.

▶ 포도품종

레드와인용으로는 이 지방의 특산품종인 까리냥(Carignan)을 비롯하여 무르베드르(Mourvedre), 시라, 그르나슈(Grenache), 까베르네 쇼비뇽이 사용되며, 화이트 와인용으로는 샤르도네, 슈냉 블랑, 마카베오(Maccabeo), 모작(Mauzac), 뮈스카(Muscat)가 사용된다.

쥐라(Jura)

프랑스에서 가장 동떨어진 언덕, 스위스의 국경지대에 위치하는 쥐라의 포도원들은 지면으로부터 250-500미터에 이르는 고원까지 이르는 방향 좋은 언덕에 위치한다. 기후는 대륙성으로 혹독하지만 가을이 늦게오므로 수확은 좋은 편이다. 쥐라는 서쪽 부르고뉴의 토양과 날씨가 비슷하며, 이름에서 유래하듯 쥐라기 석회암이 특징이다. 쥐라의 AOC 로는 아르부아(Arbois), 샤또 샬롱(Château Chalon), 레투

알(L'Etoile), 코뜨 뒤 쥐라(Cote du Jura)등이 있으며, 뱅 푸(Vin Fou = Mad Wine)라는 스파클링 와인과 벵 존느(Vin Jaune = Yellow Wine)와 벵 드 빠이유(Vin de Paille = Straw Wine)라는 독특한 와인으로 유명하다.

▶ 포도품종

레드와인용으로는 풀사르(Poulsard), 트루소(Trousseau), 피노누아 등이며, 화이트와인용으로는 사바냥(Savagnin), 샤르도네, 피노 블랑 등이 사용된다.

▶ 뱅 존(Vin Jaune)

영어로 엘로우 와인(Yellow Wine)이란 뜻으로 아름다운 황금빛 색깔을 띤 쥐라지방의 특산품이다. 쥐라의 노란색 와인으로 프랑스의 쉐리주라 불린다. 백포도 품종인 사바냥(Savagnin) 단일 품종으로 주조되며 오래된 부르고뉴 오크통 안에서 산소에 노출시켜 정확히 6년간 숙성시키는데, 증발과 산화가 진행되면서 와인 표면에 효모막(쉐리의 플로르(Flor)와 흡사하나 다름)이 서서히 형성되면서 견과류향과 복합적인 향을 지니게 된다. 50년 이상도 보관할 수 있는 장기숙성 타입의 와인이 된다. 특히 샤또 샬롱(Château Chalon)AOC 는 뱅 존만을 생산하는 유명한 지역이다.

▶ 뱅 드 파유(Vin de Paille)

파유(Paille)란 말은 밀짚이란 뜻이다. 쥐라 전역에서 생산되며 샤르도네, 사바냥, 풀사르 품종으로 만든다. 일찍 수확한 포도를 짚위나 통풍이 잘되는 환경에서 3개월 가량 말려 주조한 와인으로 건포도와 같이 포도알에 설탕이 농축되어 당도가 높아진다. 발효 후에는 와인 1리터당 3-4%의 천연 당분을 함유한 유질이 풍부한 스위트 와인이 되는데 오크통 안에서 2-3년을 숙성 시킨 후에 출고된다. 독일의 트로켄 베렌 아우스레제

(Trockenbeerenauslese)나 아이스바인(Eisbein)처럼 반병짜리로만 팔며 뱅 존과 마찬가지로 수십 년 장기보관이 가능하다.

사부아(Savoie)

쥬네브(Geneve)의 남부, 알프스의 산기슭에 위치한 사부아는 면적은 보르도만큼 넓지만, 포도밭이 산으로 인해 멀리 흩어져 있기 때문에 와인 생산량은 매우 적다. 바위와 호수로 둘러싸인 이곳의 기후는 여름과 가을에 일조량이 좋은 대륙성 기후로 온화하며, 토양도 화이트와인 생산에 좋다. 대부분 뱅 드 사부아(Vin de Savoie)라는 기본 AOC명으로 생산되며, 그 밖에 드라이 화이트 와인을 생산하는 크레피(Crepy)와 스파클링와인으로 유명한 세셀(Seyssel) 등이 있다.

▶ 포도품종

레드와인용으로는 몽되즈(Mondeuse), 페르상(Persan), 피노 누아를 사용하며, 화이트와인용으로는 샤슬라(Chassselas), 알테스(Altesse), 자케르(Jacquere), 알리고떼(Aligote), 샤르도네 등이 주로 사용된다.

〈표-5〉 프랑스 와인품질관리

프랑스 국내 분류	A.O.P 제도 등급
최상급 와인 (원산지보호명칭 와인)	A.O.P (Appellation d'Origine Protegee)
지방 와인	IGP(Indication geographique Protegee), Vins de Pays
테이블 와인	Vins de France

기존 A.O.C 제도에서 2012년 A.O.P제도로 변경되었으며 병용되고 있다. 포도품종, 재배방법, 양조법, 단위면적 당 수확량의 제한, 알코올 농도 등 최소한의 규정을 정하고 이에 적합한 와인에는 Appellation(아펠라시옹) ○○○ Protegee(프로떼제)라고 레이블에 표기하도록 되어 있다.

〈표-6〉 프랑스 와인용어

Blanc(블랑)	화이트
Cave(까브)	지하 창고
Château(샤토)	보통 보르도에서 사용하는 용어로 포도원
Cooperative(코페라티브)	재배자들의 공동 조합
Cote / Coteaux(꼬뜨 / 꼬또)	언덕의 중턱
Cremant(크레망)	샹파뉴지방 이외에서 전통적인 방법으로 만든 스파클링 와인
Cru(크뤼)	산지, 특산 주. 일반적으로 포도원의 의미로 사용.
Cru classe(크뤼 클라쎄)	등급으로 나누어진 포도원
Demi-sec(드미-쎅)	리터당 7~17그램의 당을 함유, 미디엄 드라이
Domaine(도멘느)	개인 또는 회사가 소유하고 있는 포도 재배지.
Doux(두)	리터당 60그램 이상의 당을 함유하고 있는 맛(스위트)
Grand cru(그랑크뤼)	고급 산지, 고급 특산 주. 일반적으로 고급와인을 생산하는 포도원을 말함.
Methode classique / Methode traditionelle (메쏘드 클라시끄 / 메쏘드 트라디쇼날)	샴페인을 만드는 기술로 만든 스파클링 와인을 가리킴.
Mis en bouteille au Château (미장부떼이 오샤토)	재배지(샤토)에서 병입한.
Negociant(네고시앙)	재배자들로부터 포도, 포도즙, 와인을 구입하여 자신의 라벨을 붙인 와인을 판매하는 와인 중개상.
Premier cru(프레미에르 크뤼)	제 1급의 재배지

Recolte(레꽁뜨)	포도 수확 년도, 수확물
Rouge(루주)	레드
Sec(쎅)	리터당 0.1~6그램의 당을 함유하고 있는 맛(드라이)
Selection de grains nobles (셀렉숑 드 그랑 노블르)	보트리티스균에 의해 영향을 받은 포도로 만든 알자스 지방의 와인으로 매우 스위트한 스타일의 와인.
Superieur(슈페리외)	보통 와인의 알코올이 0.5~1도 정도 더 높고, 오크통이나 병 숙성을 더 오래한 와인
Vendange tardive(방당주 따르디브)	늦게 수확한. 과도하게 무르익은 포도로 만든 스위트한 와인으로 알자스 지방의 원산지 명칭 와인
Vignoble(비뇨블)	포도원
Vin(뱅)	포도주

2. 이탈리아

이탈리아에 식민지를 세운 그리스인들은 이곳을 외노트리아(Oenotria) 즉 '와인의 땅'이라고 불렀다. 그만큼 포도재배에 매우 적합한 토양과 기후를 지니며, 전 지역에서 다양한 와인이 생산된다.

3000년의 역사를 가진 이탈리아는 세계 와인 생산량에 있어서 프랑스와 1, 2위를 다투고 있다. 최근에는 꾸준한 품질관리로 저급와인의 비율이 줄고 고급와인의 비율이 늘면서 질적으로도 성장하고 있다. 또한 이탈리아는 전 국토에 걸쳐 와인산지가 있으며 다양한 토착포도 품종을 지키고 개발해 자신만의 개성 있는 스타일을 만들어내는 와인생산국이다. 이태리의 3대 와인생산지는 피에몬테, 베네토, 토스카나이다.

포도품종

레드와인용으로는 네비올로(Nebbiolo), 산지오베제(Sangiovese), 바르베라(Barbera), 돌체토(Dolcetto), 까베르네 쇼비뇽(Cabernet Sauvignon), 코르비나(Corvina), 화이트와인용으로는 모스카토(Moscato), 말바시아(Malvasia), 트레비아노(Trebbiano), 샤르도네(Chardonnay), 베르나차(Vernaccia), 피노 그리조(Pinot Grigio) 등이 있다.

피에몬테(Piemonte)

이탈리아 북서부의 피에몬테는 산맥의 발치 'Foot of mountain'라는 뜻으로 알프스 산맥 기슭에 있으며 고급 레드와인으로 유명하다.

네비올로는 늦은 10월 수확기때 이 지방에 끼는 안개 즉 네비아(Nebbia)에서 유래된 말이며 알코올 함량이 높고 산도도 비교적 높은 묵직한 고급 레드와인을 만든다. 네비올로는 석회질 점토 토양위의 랑게(Langhe) 언덕으로부터 알바의 북서쪽인 바르바레스코 지역과 남동쪽 바롤로 마을에서 묵직하고 입안 가득찬 중후한 느낌의 바롤로(Barolo)와 바르바레스코(Barbaresco)의 명품와인으로 빛을 낸다.

바롤로는 2년간의 오크숙성이 의무이며 6년 이상은 두어야 제 맛이 나는 이탈리아 와인의 최고봉이다. 바르바레스코 지역의 와인은 바롤로 지역보다 기후적으로 따뜻하며 지형적으로 낮은 지역에 위치하고 있어 와인의 맛이 훨씬 부드럽고 연하며 섬세한 풍미를 지닌다. 숙성기간(2년)도 바롤로(최소3년)보다 짧다. 바롤로와 바르바레스코는 가죽과 스파이시향, 라즈베리 향을 내며, 오래 숙성되면 타르향, 향초, 송로버섯 등의 풍미를 낸다. 그 밖에 유명 와인들은 바르베라, 돌체토, 브라케토(Brachetto), 프레시아(Freisa), 그리뇰리노(Grignolino), 모스카토(Moscato) 등의 품종 이름을 앞에 단다.

네비올로를 잇는 제2의 품종이라 할 수 있는 바르베라는 짙은 자주색을 띄고 영 할때도 음용이 가능하며 특히 바르베라 다스티(Barbera d'Asti)로 유명하다. 제 3의 품종은 서늘한 고지대에서 잘 익는 돌체토로써 바디감과 씁쌀한 드라이함이 균형을 이루며 기름진 토착음식과 잘 어울린다. 최고의 돌체토와인으로 디아노 달바(Diano d'Alba), 돌리아니(Dogliani), 오바다(Ovada)를 꼽는다.

모스카토는 스위트한 스파클링 와인인 모스카토 다스티(Moscato d'Asti)로 유명하며, 디저트 와인으로 제격이다. 이 품종은 프랑스에서는 Muscat(뮈스카), 스페인어로는 Moscatel(모스카텔)이라고 불린다. 그 밖에 특산와인들로 발포성 스위트 레드와인인 브라케토 다키(Brachetto d'Acqui), 가벼운 레드와인 베르두노(Verduno), 반건조 포도로 양조한 노란색 스위트 와인 에르발루체 디 칼루소(Erbaluce di Caluso), 람브루스코(Lambrusco) 등이 있다.

베네또(Veneto)

베네토 지역은 이탈리아 북동쪽에 있는 지방으로 유명한 관광지인 베네치아와 로미오와 줄리엣의 무대가 되는 베로나(Verona)가 있는 곳이다. 이탈리아에서 가장 생산성이 높은 와인 지역으로 소아베(Soave), 발폴리첼라(Valpolicella), 바르돌리노(Bardolino) 지방에서 D.O.C 와인이 많이 생산된다.

소아베 화이트와인의 주품종은 가르가네가와 트레비아노이며, 소아베 수페리오레 DOCG와 같은 좋은 소아베 와인에서는 아몬드와 레몬의 향이 난다.

발폴리첼라 지방에서는 코르비나(Corvina)품종을 주 품종으로 론디넬라(Rondinella), 몰리나라(Molinara)를 블렌딩한 가볍고 산뜻한 체리향의 레드 와인인 발폴리첼라(Valpolicella)와 바르돌리노(Bardolino), 그리고 같은 품종으로 만든 세계적인 명품 와인인 드라이한 아마로네와 스위트 레드와인(가끔 발포성)인 레치오토가 생산된다.

▶ 아마로네(Amarone)

아마로네는 코르비나(Corvina), 론디넬라(Rondinella), 몰리나라(Molinara)의 3종 포도를 수확하여 가장 최상의 품질의 포도 송이만을 골라 이를 약 3~4개월에 걸쳐 건조시켜 건포도화 시킨다. 이를 통해 약 40%의 수분이 감소되고 포도의 당분과 향미가 농축된다. 포도의 당분은 충분히 발효되어 알코올 함량(15~17%)이 높은 깊은 맛의 드라이한 풀바디 명품와인이 된다.

▶ 레치오토(Recioto)

레치오토는 베네토 지방에서 불리는 용어이며, 다른 지방에서는 파시토(Passito)라고 한다. 아마로네와 유사한 방법으로 만들며, 아마로네보다 더 늦게 수확하고 건조기간도 길게 농축시켜서 발효하기 때문에 스위트 와인이 된다.

▶ 리파소(Ripasso)

아마로네의 발효가 끝난뒤 압착한 포도찌꺼기(대개 코르비나)를 다시 발폴리첼라 와인에 넣어 재발효시킨 것으로 발폴리첼라 리파소(Valpolicella Ripasso)라고 하며 이 경우 발폴리첼라 수페리오레(Valpolicella Superiore)의 이름을 달 수 있다.

토스카나(Toscana)

이탈리아 중부에 있는 토스카나는 이탈리아 레드와인의 메카이다. 세계적으로 유명한 산지오베제(Sangiovese)품종으로 만든 끼안티(Chianti) 와인과 브루넬로 디 몬탈치노(Brunello di Montalcino)와인이 생산된다. 끼안티DOCG는 토스카나지방의 대표적인 와인산지이자, 와인의 이름이기도 하다. 수천 개의 밭에서 수백 명의 생산자가 만들기 때문에 그 맛도 각양각색이다. 그 중 최고의 끼안티는 피렌체 동쪽에 위치한 끼안티 루피나(Chianti Rufina)로서 우아한 장기숙성용 와인들이 나온다.

끼안티 클라시코(Chianti Classico)는 끼안티 내의 특정 유서깊은 지역에서 산출된 양질의 포도(산지오베제 80% 이상 사용)로 엄격한 규정에 의해 만들어진 고급 와인이며, 끼안티 클라시코 리제르바(Chianti Classico Riserva)는 수확한 다음 해 1월 1일부터 최소 2년 3개월이상 숙성시킨 클라시코 지역산이다.

브루넬로 디 몬탈치노(Brunello di Montalcino)는 토스카나 남쪽에 위치한 몬탈치노에서 산지오베제의 변종중 하나인 '브루넬로'품종 100%로 만든 와인으로 탄닌 함량이 많고 묵직하고 진한 장기숙성 타입의 레드와인이다. 전통적으로 큰 슬로베니아 산 오크통에 수년간 숙성시키고 나서 수십년의 병숙성을 거쳤지만, 요즘은 프랑스 산 작은 오크통 숙성을 병용하며 보통 4년 숙성기간을 거치고(그 중 2년은 오크통 숙성), 리제르바(Riserva)는 5년 숙성기간(그 중 2년 반은 오크통 숙성)을 거친다. 한편 몬탈치노DOCG는 주니어 DOC를 고안하여 동일한 지역의 어린 포도나무에서 수확한 포도로 양조하여 이듬해 바로 출고할 수 있는 가벼운 타입의 로소 디 몬탈치노(Rosso di Montalcino)를 생산한다.

화이트 와인은 말바시아(Malvasia) 등을 사용한다. 브루넬로의 레이블은 검정색이 많은데, 이는 와인의 짙은 색깔 때문이다.

비노 노빌레 디 몬테풀치아노(Vino Nobile di Montepulciano)는 끼안티 클라시코 남쪽으로 몬탈치노 동쪽에 위치한 몬테풀치아노의 와인이다. 이 지방에서는 산지오베제 클론인 프루뇰로 젠틸레(Prugnolo Gentile)라는 품종 70% 이상과 토착품종을 혼합하기 때문에 끼안티와 흡사한 가볍고 우아한 느낌의 와인이 생산된다. 한편 로소 디 몬테풀치아노(Rosso di Montepulciano)는 어린 포도나무에서 수확한 프루뇰로로 만든 가벼운 타입의 조기소비용 와인이다.

〈표-7〉 끼안띠 와인 구분

구분	특징
끼안띠 클라시코 그랑 셀레지오네 (Chianti Classico Gran Selezione)	◆ 와이너리의 자가 포도원에서 재배된 포도를 사용 ◆ 병입 숙성 3개월을 포함하여 최소 30개월 숙성 ◆ 토스카나 중앙 지역인 끼안띠 클라시코 지역에서 생산 ◆ 포도원에서 재배된 산지오베제 최소 80% 사용 ◆ 최소 알코올 13.0%
끼안띠 클라시코 리제르바 (Chianti Classico Riserva)	◆ 병입 숙성 3개월 포함하여 최소 24개월 숙성 ◆ 토스카나 중앙 지역인 끼안띠 클라시코 지역에서 생산 ◆ 최소 80%의 산지오베제 ◆ 최소 알코올 12.5%
끼안띠 클라시코 (Chianti Classico)	◆ 토스카나 중앙 지역인 끼안띠 클라시코 지역에서 생산 ◆ 최소 80%의 산지오베제 ◆ 최소 알코올 12.0%

프리울리-베네치아 줄리아(Friuli-Venezia Giulia)

1970년부터 근대적인 양조기술로 세계적으로 유명한 화이트와인 산지이며, 단일품종와인과 오크통 숙성을 하지 않고 포도 자체의 향미를 강조한 와인을 생산한다. 특히 북쪽의 콜리 오리엔탈리델 프리울리(COF = Colli Orientali del Friuli)와 남쪽의 콜리 고리치아노(Colli Goriziano)는 이탈리아 최고의 화이트와인 DOC로 평가된다.

토종 품종인 프리울라노(Friulano), 리볼라(Ribolla)와 쇼비뇽 블랑, 피노 그리지오, 피노 비앙코, 레드와인 품종으로는 까베르네 쇼비뇽, 메를로, 까베르네 프랑과 토종품종 등을 사용한다.

시칠리아(Sicilia / Sicily)

지중해의 아름다운 섬 시칠리아는 일조량이 풍부하고 건조하며 일교차가 커서 와인생산에 좋은 조건을 갖추고 있으나, 한 때는 풀리아와 더불어 양적 생산량이 높은 블렌딩용 와인을 수출했었다. 최근에는 질적 향상에 힘쓰며 시칠리아 대표 레드와인품종인 네로 다볼라(Nero d'Avola = Black of Avola)품종이 그 역할을 하고 있다. 디저트 와인인 마르살라(Marsala)는 시칠리아를 대표하는 유명한 주정강화와인이다.

마르살라는 알코올 농도 17~19도이며 색깔(옅은 호박색부터 붉은색까지, Oro-Ambra-Rubino)과 당도(드라이부터 스위트까지, Secco-Semisecco-Dolce)에 따라 분류된다.

타 생산지역

움브리아(Umbria), 풀리아(Puglia), 사르데냐(Sardegna)등

▶ Super Tuscan(슈퍼 투스칸)

포도품종과 D.O.C 와인의 블렌딩 비율을 지키지 않는 경우에는 와인의 품질이 좋더라도 D.O.C 등급을 받지 못하게 된다. 이태리 와인제조업자들이 D.O.C 규정을 떠나서 독자적으로 품종을 선택하고 블렌딩하여 만든 토스카나지역의 레드와인으로 와인등급과 상관없이 독자적 스타일의 훌륭한 와인을 슈퍼 투스칸이라고 부른다. 슈퍼투스칸은 D.O.C 등급에는 들지 못하지만 평론가들에게 높은 점수를 받기 때문에 가격도 높게 책정되는 경우가 많다.

▶ 유명한 수퍼투스칸

- Sassicaia(사시카이야): 보르도 샤또 라피트 롯쉴드에서 까베르네 쇼비뇽 묘목을 가져와 프랑스 오크통에 숙성시켜 만든 최고급 와인

- Tignanelli(티냐넬로) : 산지오베제를 중심으로 까베르네 쇼비뇽을 섞어 프랑스 오크통에 숙성시켜 만든 보르도 스타일의 와인
- Ornellaia(오르넬라이아) : 까베르네 쇼비뇽을 주 품종으로 메를로, 까베르네 프랑을 블렌딩해서 만든 와인
- Solaia(솔라이아) : 까베르네 쇼비뇽을 중심으로 산지오베제를 블렌딩해서 만든 와인

〈표-8〉 이태리 와인용어

용어	뜻
Abbocato(아보카토)	가볍고 달콤한
Amabile(아마빌레)	세미 스위트
Annata(안나따)	빈티지
Bianco(비안꼬)	White
Castello(까스텔로)	프랑스어의 샤또(Château)와 같음. 와이너리 이름앞에 씀
Classico(클라시코)	역사가 있는 특정 포도밭에서 생산한 와인을 지칭
Dolce(돌체)	Sweet
Fiasco(피에스코)	끼안띠 와인을 담는 와인병
Frizzante(프리잔떼)	약발포성 스파클링 와인
Passito(빠씨또)	건포도로 만든 강하고 힘이 있는 와인. Recioto처럼 스위트하기도 하고, Amarone 처럼 드라이한 와인
Riserva(리제르바)	특별히 장기숙성한 와인

Rosso(로쏘)	Red
Secco(세꼬)	Dry
Rosato(로사또)	Rose
Superiore(수페리오레)	일반적으로 품질과는 관계가 없는, 알코올 함유량이 더 높은 DOC(G)와인에 적용
Spumante(스푸만떼)	스파클링 와인
Vechio(베끼오)	Old
Vino(비노)	와인
Vino Novello(비노 노벨로)	보졸레 누보와 같은 햇 와인

이탈리아는 프랑스의 AOC체계를 벤치마킹하여 1963년에 '와인용 포도과즙 및 와인의 원산지 명칭 보호를 위한 규칙'인 D.O.C(Denominazione di Origine Controllata)제도를 도입했다. 이를 통해 애매했던 와인산지들의 경계를 명확히 하고 최대 수확량과 포도품종, 양조법 등을 구체화했다. 1980년 와인위원회는 더 높은 등급인 DOCG를 추가하며 한 단계 높인 품질관리를 시행했다. G는 Garantita(개런티)의 약자로 시음위원회에서 와인의 신뢰성을 보장한다는 의미가 있다.

〈표-9〉 이태리 와인품질관리

이태리 국내 분류	등급
최상급 와인	D.O.C.G (Denominazione di Origine Controllata e Garantita)
상급 와인	D.O.C (Denominazione di Origine e Controllata)
지방 와인	I.G.T (Indicazione Geografica Tipica)
테이블 와인	V.d.T (Vino da Tavola)

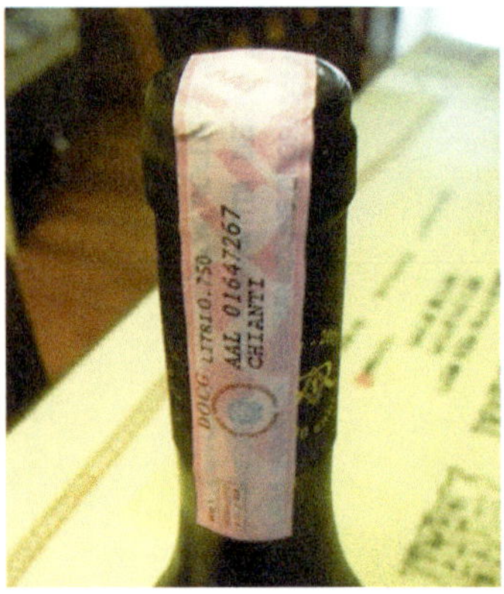

유럽연합(EU) 표준규정에 의해 DOCG와 DOC는 Quality wine에 속하며, IGT와 VdT는 Table wine으로 구분된다.

DOCG급 와인 병목 또는 병 입구에는 핑크색(레드와인), 노란색(화이트와인)띠를 부착하는데, 이 종이띠는 정부가 와인 생산자에게 주세를 물리기 위한 표시이자 품질 보증의 증표이다.

3. 독일

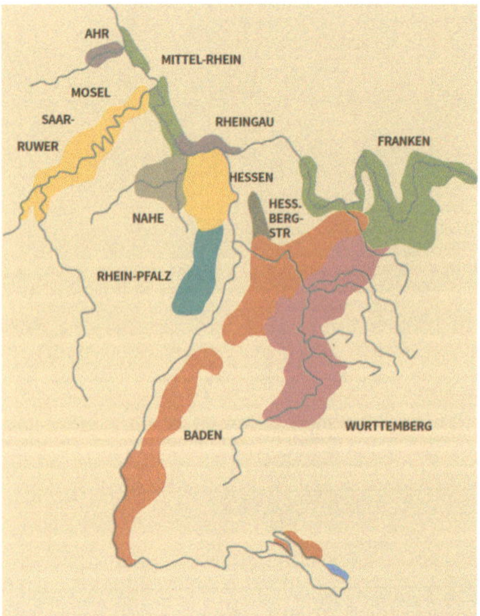

포도재배지로써 북방한계선(북위52도 부근)에 위치한 독일은 지리적으로 여름이 짧고 기온이 낮고 일조량이 적어 강이나 호수의 온실효과와 햇볕의 반사를 받기 위해 강가의 가파른 언덕(경사 45도 이상)에 포도밭이 조성된다. 이로 인해 기계수확의 어려움이 있다.(수확기계 1대가 60명분의 노동력)

독일은 날씨가 춥고 일조량이 부족한 기후 때문에 포도의 당분 함량이 낮고 산도가 높다. 그래서 균형을 맞춰주기 위해 포도주스에 설탕을 보충하여 발효시키거나 발효가 끝난 와인에 포도주스(Sussreserve : 쥐쓰레제르베)를 넣는 방법을 사용한다. 이로 인해 신선도와 당도를 높일 수 있게 된다. 그러나 고급와인에 한에서는 설탕이나 주스 첨가가 금지되어 있다.

1971년 독일의 품질등급이 제정되어 수확시 포도의 숙성도(당도)에 따라 등급이 매겨진다. 또한 2000년에 제정된 고급 드라이 와인등급인 클래식(Classic)과 셀렉션(Selection)은 단일 포도품종으로 양조한 드라이 와인(화이트, 레드, 로제)에만 적용되며 트로켄(Trocken = Dry)과 할브트로켄(Halbtroken = Medium dry)대신 사용된다. 셀렉션이 클래식보다 더 드라이한 와인이다.

독일 최고의 화이트 와인 포도품종은 리슬링(Riesling)이며 모젤-자르-루버, 라인가우, 나헤, 팔츠 등의 우수한 밭에서 재배된다. 독일에서 가장 많이 재배되는 뮐러 투르가우(Mueller Thurgau)는 리슬링에 비해 과일향과 산도는 부족하지만 온화한 부드러운 와인을 만들며, 가볍고 부드러운 맛의 실바너(Silvaner)는 프랑켄(Franken)에서 뛰어난 와인을 만든다. 레드와인용으로는 독일산 피노누아인 슈패트부르군더(Spatburgunder)와 가벼운 스타일의 빨리 숙성하는 레드와인 포트기저(Portugieser), 도른펠더(Dornfelder), 신선한 과일 향이 나는 트로링거(Trollinger)를 사용한다.

와인 라벨에 포도품종이 표시되어 있다면, 그 포도품종이 85% 이상 사용된 것이며, 빈티지는 사용된 포도품종 85% 이상이 그 해에 수확된 것이다. 최상급은 100%이다.

포도품종

레드와인용으로는 슈패트부르군더(Spatburgunder), 도른펠더(Dornfelder), 포트기저(Portugieser), 트로링거(Trollinger), 화이트와인용으로는 리슬링(Riesling), 실바너(Silvaner), 리바너(Rivaner), 뮬러 뚜르가우(Mueller Thurgau)등이 있다.

〈표-10〉 독일 와인품질관리

독일 국내 분류	등급
최상급 와인	Q.m.P(Qualitatswein mit Pradikat)
상급 와인	Q.b.A(Qualitatswein bestimmter Anbaugebiete)
지방 와인	Landwein
테이블 와인	Tafelwein

Q.m.P : Qualitatswein mit Pradikat

독일 최고의 스위트와인들이 여기에 포함된다. 이 등급의 와인은 보당이 금지되어 있으며, QmP 등급은 수확 시기에 포도 안에 있는 당분의 함량에 따라 낮은 순서에서부터 높은 순서로 분류된다. 분류되는 단계를 알면 라벨만 보고도 맛을 짐작할 수 있다.

▶ Kabinett(카비넷) 스타일

Qba급보다 잘 익은 포도로(천연당분) 만들며 약간 드라이하고 가볍고 순수한 와인 스타일이다. 식전주로 좋다.

▶ Spatlese(스페트레제) 스타일

카비넷보다 더 잘 익은 늦게 수확한 포도로 만들어 적당한 산도에 균형이 뛰어난 스타일이다. 약간의 단맛이 느껴진다.

▶ Auslese(아우스레제) 스타일

스페트레제용 포도 수확 후, 남아 있는 포도로 늦게 수확하여 풍부하고 묵직한 스타일로 뚜렷한 단맛이 느껴진다.

▶ Beerenauslese(베렌아우스레제) 스타일

이 단계부터 귀부현상에 걸린 과숙한 포도가 만들어진다. 귀부와인 특유의 꿀향기를 가지며, 농축되고 구조가 강하며, 우아하고 복합미가 뛰어난 스타일이다.

▶ Eiswein(아이스바인) 스타일

BA 수준의 귀부포도를 언 상태에서 수확하여 즙을 낸다. 당도와 복합미를 가지며 산도는 훨씬 높아 싱그러운 스타일이다.

▶ Trocken Beerenauslese(트로켄베렌아우스레제) 스타일

완벽하게 귀부현상에 걸린 건포도수준의 포도로서 시럽이나 리큐르와 같은 농밀한 조직을 가지고 있고, 풍부하고 복합적인 부케와 맛의 깊이가 뛰어난 스타일이다.

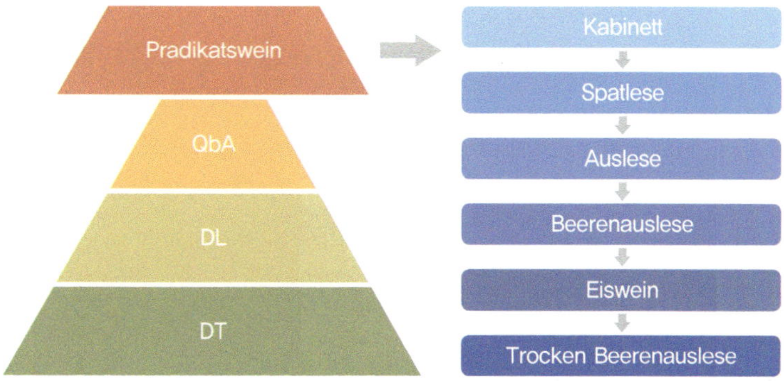

모젤-자르-루버(Mosel-Saar-Ruwer)

모젤강 유역과 그 지류인 자르와 루버지역은 고대 로마 시절부터 독일에서도 가장 로맨틱한 와인 재배지로 전해져 내려온다. 급경사의 회색 석판 토양의 포도밭으로 리슬링 품종을 위한 최적의 지역이다. 일조량이 부족하기 때문에 포도밭은 햇볕이 잘 반사하는 수면을 향해 경사진 남향의 비탈에 위치하며 점판암 토양이 낮의 열기를 간직하여 밤의 서리를 막아준다. 이곳의 와인은 섬세하고 향긋한 맛과 신선한 과일

향과 산미, 미네랄 향이 특징이다. 사진속 독일 모젤강을 따라 포도밭이 급경사를 이루고 있다.

라인가우(Rheingau)

품격과 전통으로 양질의 화이트 와인을 생산하는 지역이다. 1775년 요하니스베르그(Johannisberg)에서 우연한 행운으로 만들어졌던 슈페트레제(늦은 수확)는 독일산 와인의 명성을 펼치게 한 풍부하고 깊은 보트리티스(Botrytis)와인의 시초가 되었다. 최고급 라인가우 와인들은 매우 달콤한 베렌아우스레제와 트로켄베렌아우스레제들로 음식과 함께 하기보다는 그 자체로 음미하는 것이 낫다. 남쪽의 라인강은 포도밭의 온도를 유지해주며, 안개의 형성을 도와 포도가 귀부병에 잘 걸리도록 한다.

라인헤센(Rheinhessen)

1000개의 언덕이 있는 강기슭으로 독일 최대의 재배면적을 갖는다. 라인헤

센은 독일 중저가 와인의 주요 공급지이며 다양한 포도를 섞어 재배한다. 특히 성모교회 소유의 포도원에서 생산되는 세미스위트 화이트와인인 립프라우밀히(Liebfraumilch)로 유명한 지역이다. 리바너, 실바너, 리슬링 등의 전통 화이트와인이 주 생산품이지만 적포도 품종인 포르투기저와 도른펠더와 같은 향기가 풍부한 품종도 재배된다.

나헤(Nahe)

라인헤센과 라인가우와 모젤사이에서 나헤의 고급와인들은 인근 와인의 장점을 두루 지녔다. 나헤 화이트와인의 대부분은 과일향이 좋은 스위트 타입이다.

팔츠(Pfalz)

독일 최대의 와인산지로 생산량이 가장 많으며, 독일에서 가장 일조량이 좋고 건조한 모래토양을 지녔다. 알자스와 흡사한 드라이 리슬링을 생산하나 최근에는 도른펠더를 사용한 레드와인의 생산이 늘고 있다.

바덴(Baden)

모젤의 리슬링과는 반대의 스타일로 드라이한 풀 바디 와인을 생산한다. 레드와인품종으로는 슈패트부르군더(Spätburgunder)가 대표적이다. 바덴 최고의 밭은 라인계곡의 고지대의 카이저 슈툴(Kaiserstuhl)이나 남향비탈면에 있다.

〈표 – 11〉 독일 와인용어

Anbaugebiete(안바우게비에떼)	와인 생산 13개 지정된 지역
Classic(클라식)	리슬링, 실바너, 리바너와 같은 고전적인 품종으로 만든 상당히 드라이한 스타일의 와인
Grosslage(그로슬라게)	포도원의 그룹
Halftrocken(하프트로켄)	사전적 의미로 미디엄 드라이
Rotwein(로트바인)	레드와인
Sekt(젝트)	스파클링 와인
Trocken(트로켄)	드라이
Weingut(바인구트)	개인 또는 회사가 소유하고 있는 포도원
Weisswein(바이스바인)	화이트 와인
Rotling(로틀링)	로제
Selection(셀렉숑)	선택된 장소에서 생산량을 한정하여 만든 우수한 와인으로 상당히 드라이한 와인을 의미

4. 스페인

전 세계에서 프랑스, 이태리에 이어 많은 양의 와인을 생산하는 나라이다. 가장 넓은 포도재배면적을 가진 나라이기도 하나, 타 농작물의 재배와 건조한 날씨(메마른 땅에서는 포도나무를 띄엄띄엄 멀리 심어야 함)로 인해 포도나무당 간격이 넓어 단위 면적당 생산량은 적은 편이다. 19세기 이래 본격적인 와인의 현대화가 이루어졌으며, 리오하(Rioja), 페네데스(Penedes), 리베라 델 두에로(Ribera del Duero)는 고급 레드와인의 명산지이다. 또한 세계 3대 주정강화 와인중 하나인 헤레스(Jerez)의 '셰리'로 유명하다.

▶ 강화와인

강화와인은 와인의 발효 중(포트) 또는 발효 후(쉐리)에 포도 브랜디를 첨가하여 알코올 함량(15~20%)을 높인 것이다. 발효 중에 브랜디가 첨가되는 포트 와인은 이때 첨가된 알코올 성분이 효모를 죽여 발효를 중단시키므로 잔여 당분으로 인해 좀 더 달콤한 맛을 내게 된다.

리오하(Rioja)

과거 필록셀라(Phylloxera: 포도뿌리 벌레)로 인해 프랑스 보르도인들이 리오하로 이주하여 그들의 양조기술이 전파된 것을 계기로 품질향상이 이루어졌다. 스페인의 보르도라고 불릴 만큼 고급 레드와인을 생산하는 스페인의 대표적인 와인산지이다. 리오하는 리오하 알따(Rioja Alta), 리오하 알라베사(Rioja

Alavesa), 리오하 바하(Rioja Baja)의 3개 지역으로 나뉘며 그 중 리오하 알따에서 가장 훌륭한 와인이 생산된다. 리오하의 대표품종인 템프라뇨(Tempranillo) 품종과 다른 품종의 블렌딩(주로 가르나차(그르나슈))을 기본으로 하여 풀바디부터 가벼운 타입의 와인까지 다양한 스타일의 와인이 생산된다. 레드와인이 약 3/4을 차지하며, 나머지 화이트 와인은 시큼한 비우라(Viura=Macabeo)를 사용하며, 기타 토착품종 등은 블렌딩용으로 사용한다.

리베라 델 두에로(Ribera Del Duero)

전통적으로는 로제가 유명하지만, 현재는 묵직하고 풀바디한 레드와인으로 유명하다. 스페인의 로마네 꽁띠라고 불리는 최고의 와이너리인 베가 시칠리아(Vega Sicilia)에서 만든 우니코(Unico)는 전 세계 명품와인 중 하나이다. 이 와인은 10년의 오크숙성 기간이 끝나야 출고하며 템프라니요의 변종인 틴토 피노(Tinto fino/Tinto del pais)를 주품종으로 보르도 품종을 블렌딩하여 만든다. 화이트와인은 알비요(Albillo)로 만든다. 또한 명품 와이너리로 덴마크 와인메이커가 설립한 도미니오 데 핑구스(Dominio de Pingus)를 꼽는다.

페네데스(Penedes)

카탈류냐 지방의 유명한 와인산지인 페네데스에서는 주로 화이트와인이 생산되며 그중 대부분이 샴페인방식으로 만든 스파클링 와인, 까바(Cava)이다. 까바의 양조법은 샹파뉴와 같으나 품종은 파레야다(Parellada), 마카베오(Macabeo), 사렐로(Xarel-lo)등을 주로 사용한다. 또한 페네데스의 대표적인 와이너리인 또레스(Torres)가문에서 생산되는 그란 코로나스(Gran Coronas)는 까베르네 쇼비뇽을 주품종으로 만든 고급 레드와인으로 유명하다.

헤레스(Jerez)

스페인 남부에 위치한 안달루시아 와인의 중심인 헤레스는 주정 강화와인인 셰리가 생산되는 유명산지이다. 셰리는 스페인 와인 생산량의 약 3%에도 못 미치나, 세계 3대 주정강화 와인 중 하나이다.

셰리의 생산지인 헤레스(Jerez)가 변형되어 프랑스어로 세레스(Xeres), 영어식으로 셰리(Sherry)가 된 것이며, 팔로미노(Palomino) 품종을 주로 사용한다. 셰리는 샴페인과 마찬가지로 백악질 토양에서 전통적 방식의 양조과정을 거쳐 만든 개성있는 화이트와인이다. 가장 유명한 파고(Pago)는 알바리사(Albariza)라는 백악질 토양으로 구성되어 있는데, 하얀 알바리사 토양은 햇빛을 반사하여 포도를 익게 하고, 건조한 여름에도 물을 간직하여 셰리용 포도재배에 좋은 토양이다. 그 외 바로스(Barros)라는 갈색 모래토양에서는 블렌딩용 와인들이 생산된다.

셰리 양조기법

셰리는 발효 중에 브랜디를 넣는 포트와는 달리, 백포도만을 사용하여 발효가 끝난 다음 브랜디를 넣는다.

셰리는 산화 제어법과 솔레라 시스템(Solera system)을 이용한 블렌딩기법의 독특한 과정을 통해 양조된다. 이는 셰리가 들어있는 통을 매년 차례로 쌓아 두면서(보통 3단), 맨 밑에서 와인을 따라내면 위에 있는 통에서 차례로 흘러 내려가도록 만들어 놓은 반자동 블렌딩 방법이다. 보데가(Bodega)에 저장된 와인은 통속에 2/3정도만 채워지고 코르크를 꽉 잠그지 않아 공기가 유입되도록 하여 와인을 산화시킨다. 이 과정에서 매년 약3%의 와인이 증발되며, 매년 아래층의 와인을 병입하고 새로 담은 와인은 윗층에 채워주는 토핑과정을 거치며 각 빈티지별로 블렌딩되면서 와인의 맛과 품질을 유지할 수 있게 된다. 그래서 셰리는 빈티지가 없는 것이다. 가장 오래된 아랫단을 솔레라(Solera)라고 하며, 윗층의 각 단을 크리아데라(Criadera)라고 한다.

셰리에는 알코올과 당도를 달리한 다양한 종류가 있다. 크게 알코올 함량이 낮고 맑으며 효모향이 강한 가벼운 타입의 피노(Fino)와 약하게 산화되어 색이 어둡고 무게감있는 올로로소(Oloroso)로 분류되며 피노는 플로르(Flor)라는 효모막아래 숙성되며 올로로소는 공기와 바로 접촉하며 숙성된다. 물론 피노와 올로로소의 중간 형태인 '만자니아(Manzanilla)', 가당하여 만든 '크림 셰리(Cream Sherry)'도 있다. 스페인 사람들은 효모향이 강하고 쌉쌀한 맛을 선호하는 데 비해 영국에서는 단맛이 강한 크림 셰리가 인기이다.

✻ 셰리는 전통적으로 좁은 튤립형(Tulip-Shaped)모양에 가느다란 받침이 있는 유리잔 '코피타(Copita)'를 사용하며, 만약 코피타가 없다면 작은 화이트와인 잔도 대안이 된다.

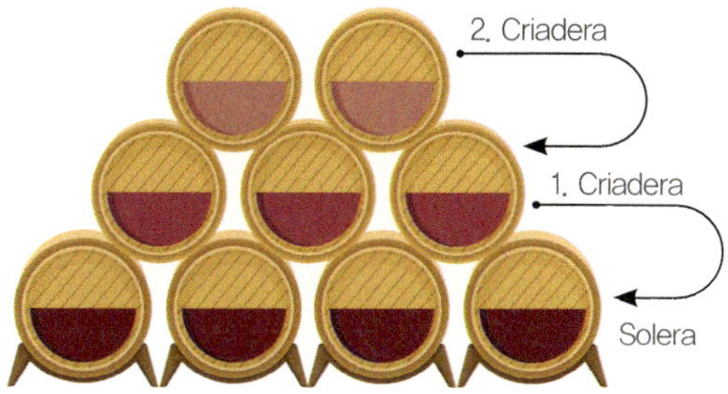

대표적 셰리 브랜드

- 하베이스 브리스톨 크림(Harveys Bristol Cream)
- 드라이 색(Dry Sack)
- 티오 페페(Tio Pepe)
- 라 이나(La Ina)

Fino type

▶ 피노(Fino)

전통적인 셰리로써 드라이하고 호두, 아몬드 향에 약간의 신맛과 더불어 에피타이저 와인으로 좋다. 일단 오픈하면 일반와인과 같이 빨리 마시는 것이 좋으며 차게 마신다.

▶ 만자니아(Manzanilla)

피노를 좀 더 숙성시킨 것으로 더 가볍고 드라이하며 짠맛이 나고 주로 자국에서 소비된다.

▶ 아몬띠야도(Amontillado)

피노를 오래 숙성(5년~10년)시켜 피노보다 더 진한 타입으로 실온에서 마시는 것이 좋다.

Oloroso type

▶ 올로로소(Oloroso)

모스카텔(Moscatel)을 주 품종으로 10년 이상 숙성시킨 셰리이다. 포도 압착시 프리런 쥬스로는 피노를 만들고, 프레스 쥬스로 올로로소를 만들며 장기숙성중 산화로 인해 피노 타입보다 풀 바디하고 캐러멜향과 견과류(호두향)이 깊은 것이 특징이다. 기본적으로 드라이하나 페드로 히메네스(Pedro ximenez)를 넣어 스위트 타입을 만든다.

▶ 크림 셰리(Cream sherry)

올로로소에 페드로 히메네스(Pedro ximenez)를 넣어 만들며, 보통 가당하거나 블렌딩한 대중적 셰리이다. 영국시장을 겨냥해 만든 것으로 아주 강한 단맛으로 디저트 와인으로 사용된다.

셰리와 요리의 궁합

셰리는 섬세하고 뒷맛이 깔끔하여 유럽에서는 식적주로 인기가 높다. 신선한 피노와 만쟈니아는 차게 마시는 것이 좋으며 개봉 후 하루를 넘기지 말아야 한다. 피노는 아페리티프로 마시며 조개와 새우요리, 스페인의 하몽요리(돼지 뒷다리를 훈제)와 잘 어울린다. 아몬티야도는 가벼운 치즈와 햄과 어울리며, 스위트한 크림 셰리는 초콜렛, 달콤한 쿠키, 티라미슈와 같은 케익과 잘 어울린다. 올로로소와 크림 셰리는 상온에서 마시며 남은 와인을 몇 달간 보관할 수도 있다.

포도품종

레드와인용으로는 템프라뇨(Tempranillo), 가르나차(Garnacha), 마수엘로(Mazuelo) 등이 사용되며, 화이트와인용으로는 비우라(Viura), 모스카텔(Moscatel), 팔로미노(Palomino), 페드로 히메네스(Pedro ximenez)등이 사용된다. 이 중 팔로미노, 페드로 히메네스(PX)는 세리의 원료가 되는 주요 포도품종이다.

〈표-12〉 스페인 와인품질관리

스페인 국내 분류	등급
특등급와인	Vinos de Pagos**
최상급 와인	D.O.C (Denominacion de Origen Calificada)
상급 와인	D.O (Denominacion de Origen)
지역별 와인	VCIG (Vinos de Calidad con landicacion Geografica)
지방 와인	VT(Vino de la Tierra)
테이블 와인	VDM(Vino de Mesa)

Vinos de Pagos

2003년 신설된 스페인 특등급와인. D.O.C내 기후와 토양이 우수한 산지에서 생산되거나 전통적으로 인지도 높고 품질 좋은 와인에 주어지는 등급이다. 이 등급의 와인은 반드시 DOC의 여러 요건을 충족시켜야 하며, 이 등급의 와인이 DOC 지역 안에 있는 경우 레이블에 'Qualified Vineyard Wine'이라고 기재할 수 있다. VCIG(Vinos de Calidad con landicacion Geografica)는 지리적 조건을 충족시키는 지역별 와인이라 할 수 있으며, 이탈리아의 IGT(Indicacion Geografica Tipica)와 유사한 등급으로 볼 수 있다.

〈표－13〉 Vinos de Pagos 와인용어

숙성에 따른 분류	구분
그란 리제르바(Gran Reserva)	최소 2년간 오크숙성 포함하여 병입 숙성까지 5년~7년간 숙성기간을 거친 후 출고
리제르바 에스페셜 (Reserva Especial)	최소 1~2년간 오크숙성 포함하여 병입 숙성까지 총 5년미만 숙성
리제르바(Reserva)	최소 1년간 오크숙성 포함하여 병입 숙성까지 3년간 숙성기간을 거친 후 출고
크리안자(Crianza)	최소 1년간 오크숙성 포함하여 병입 숙성까지 2년간 숙성기간을 거친 후 출고
호벤/신 크리안자 (Joven/Sin Crianza)	숙성없이 1년 이내 바로 마시는 가벼운 타입의 와인

〈표－14〉 스페인 와인용어

Añej(아녜호)	최소 12개월 숙성시킨 와인
Blanco(블랑꼬)	흰
Bodega(보데가)	와인 양조장
Cava(카바)	전통적인 방법에 의해서 스페인의 지정된 지역에서 만든 스파클링 와인의 DO 또는 명칭
Cepa(세빠)	포도품종
Cosecha(코세차)	포도수확 또는 수확 연도
Coto(코토)	포도원
Crianza(크리안자)	레드 와인에만 사용하는 용어로 판매하기 전에 오크통에서 최소 6개월, 병입하여 최소 18개월 숙성시킨 와인
Dulce(둘쎄)	리터당 60그램 이상의 당을 함유하고 있는 맛(스위트)
Elaborado(엘라보라도)	생산
Embotellado(엠보텔라도)	병입
Espumoso(에스푸모소)	일반적인 스파클링 와인
Finca(핑카)	포도원

Generosso(헤네로쏘)	주정 강화 와인
Joven(호벤)	오크숙성을 거의 하지 않음
Noble(노블레)	최소 24개월 동안 숙성시킨 와인
Rosado(로사도)	로제
Seco(세코)	리터당 0.1~6그램의 당을 함유하고 있는 맛(드라이)
Semi-seco(세미세코)	리터당 7~15그램의 당을 함유하고 있는 맛(미디엄 드라이)
Tinto(틴토)	레드
Viejo(비에호)	최소 36개월 숙성시키는 동안 두드러진 산화의 영향을 받은 와인
Viña(비냐) / viñedo	포도원
Viñas Viejas(비냐스 비에하스)	수령이 많은 오래된 포도나무
Vino(비노)	와인

5. 포르투갈

페니키아인에 뒤 이어 로마가 지중해를 지배할 당시 포르투갈의 북동쪽 도우루(Douro)와 남부의 알랭때조(Alentejo)지역에서 포도재배가 시작되었다. 17세기경 영국과 프랑스가 관세문제로 관계가 악화되어 영국에서 프랑스와인의 수입이 어렵게 되자, 영국은 메투엥 조약(Methuen Treaty, 영/포르투갈 간의 특혜관세) 체결과 더불어 이후 포트 지방의 와인을 수입하게 되었다. 이때 장시간의 항해에 와인의 변질을 막고자 와인에 브랜디를 첨가하여 알코올 농도가 높인 것이 바로 포트와인의 시초가 된 것이다.

포르투갈은 약 230여 종의 토착품종을 갖고 있으며, 그 중 포르투갈 최고의 품종으로 우아하면서 강한 탄닌을 가진 토우리가 나시오날(Touriga Nacional)은 도우로, 다옹, 포트의 고급 와인이 된다. 포르투갈은 1986년 EU에 가입하면서 최근 와인 산업의 품질향상에 과학적인 방법을 도입하면서 신품종을 재배하기도 하지만 여전히 고유의 포도품종을 고집하는 생산자들이 많다. 포르투갈 와인은 대부분 여러 품종을 섞어 사용하는데, 대표적인 품종으로는 토우리가 나시오날, 틴타 카웅, 틴타 로리즈, 틴타 바로카, 토우리가 후란세사, 틴타 아마렐라 등이 있다.

전국에서 포르투갈의 와인이 생산되지만 지명도 높은 산지는 포트와인의 산지로 유명한 도우로(Douro)지역에 대부분 있다. 한편 포르투갈 남부는 세계 제일의 코르크나무 산지로써 코르크마개의 상당량이 이곳에서 나온다.

포르투갈에서 생산되는 대표적인 와인으로 주정강화 와인인 포트 와인(Port Wine), 식전주로 유명한 마데이라(Madeira)가 있으며 마테우스(Mateus) 로제와인, 비뉴 베르드(Vinho Verde) 등 독특한 와인도 생산된다.

포트 와인은 토우리가 나시오날(Touriga Nacional)을 주품종으로 만든다. 셰리와인과는 달리(발효 후 브랜디 첨가) 발효 중에 브랜디를 첨가하여 알코올 농도를 18~20%정도로 조절하고 알코올 농도가 높아서 더 이상 발효되지 않은 상태에서 발효가 끝나지 않은 포도의 잔당이 9~11% 정도 남게 한다. 이때 첨가되는 브랜디 양은 발효 중 와인의 25%정도 분량이며, 반드시 와인을 증류한 것이어야 한다. 식전주로 드라이한 맛의 셰리 와인과는 달리 단맛이 있는 포트 와인은 식후주로 주로 마신다.

포르투갈의 디저트 와인으로 포트와인이 유명하다면 식전 와인으로 유명한 와인이 마데이라(Madeira)이다. 또 유명한 포르투갈의 와인 중 하나가 마테우스 로제와인인데, 수출량이 가장 많은 와인으로 발포성이 약간 있는 상큼한 와인이다.

한편 포르투갈에서만 생산되는 비뉴 베르데(Vinho Verde)라 불리는 와인은 흔히 그린와인이라고 하는데, 베르데(Verde)가 어리다는 의미로 덜 익은 상태에서 숙성시켜 신맛이 나는 와인이다. 레드, 화이트 와인이 있고 대개 여름에 와인보다 시원하게 마시는 와인으로 알코올 도수가 9~11%로 낮은 편이다.

포트와인의 종류

▶ 루비와 토니 스타일 포트

- 루비 포트 : 수확한 해에 상관없이 적포도로 만들어 오크통에 2~3년 동안 숙성시킨 와인으로써 과일 풍미가 강하고 신선하며 가격 또한 부담 없다.
- 토니 포트 : 색소 추출을 덜하거나 백포도를 섞어서 만들기 때문에 옅은 호박색을 띠는 것이 특징이다. 보통 3~4년 숙성하고 고급 포트는 8~10년 오크통에서 숙성시킨다. 10년 이상 숙성하는 토니 포트는 에이지드 토니 포트(Aged Tawny Port) 또는 파인 올드 토니 포트라고 부르며 숙성기간에 따라 값이 차이가 난다.
- 빈티지 캐릭터 포트(Vintage Character Port) : 서로 다른 해에 수확한 포도를 4~5년간 숙성시켜 블렌딩 후 여과한 와인으로 무게감이 있는 포트와인이다.

▶ 빈티지 포트

- 레이트 보틀드 빈티지(LBV: late bottled vintage): 단일 연도의 포도만 사용하여 대형 오크통에서 4~6년 숙성시키며 레이블에 빈티지가 기재된다. 병숙성 없이 주병후 바로 마신다.
- 빈티지 포트(Vintage Port): 그 해 수확한 포도만을 사용하여 만든 와인이다. 병 숙성을 통해 맛이 점차 부드러워지기 때문에 오랫동안 보관한다. 빈티지를 표시한 최고급 포트와인으로써 여과없이 주병하기 때문에 마실 때는 디캔팅이 필요하다. 특히 빈티지 포트 중 단일 포도밭에서 나온 포도만으로 만든 포드와인을 싱글 퀸타 빈티지 포트(Single Quinta Vintage Port)라고 한다.

베이라스(Beiras)

바이라다(Bairrada)DOC는 바이라다의 토착품종인 바가(Bagga)로 만든 풀 바디 레드와인과 비칼(Bical)로 만든 화이트와인과 스파클링 와인으로 유명하다.

다웅(Dao)DOC에서는 포르투갈 토착품종만을 사용하며 당도가 높아 알코올 도수가 높은 레드와인과 견고하고 장기숙성이 가능한 화이트 와인을 생산한다.

미뉴(Minho)

비뉴 베드르(Vinho Verde)는 독특한 와인으로 영어로는 초록 와인(Green wine)이란 뜻이다. 알바리뉴(Alvarinhoh)를 주품종으로 여러 품종을 블렌딩한 신선하고 가벼운 타입의 차게 마시면 좋은 와인이다.

도우로(Douro)

포트와인의 고향이지만 고급 테이블 와인으로도 명성을 쌓고 있다. 도우로 계곡의 기후는 매우 덥고 가파른 언덕으로 흙이 보이지 않는 편암으로 된 계단식 포도밭으로 이루어져 있다.

마데이라(Madeira) 섬

마데이라는 대서양에 있는 화산섬으로 온도와 습도가 높은 아열대성 기후에 가깝다. 이곳은 강화와인과 로제 와인이 유명하다. 마데이라에 사용되는 품종으로 화이트와인용은 스르시알(Sercial), 베르델료(Verdelho), 보알(Boal), 말바지아(Malvasia), 레드와인용으로는 틴타 네그라 몰레(Tinta Negra Mole), 테란테스(Terrantez), 바스타르도(Bastardo) 등이다.

17세기 이곳 와인이 영국으로 수출되면서 6개월 이상의 더운 날씨를 통과하면서 항해하는 동안 와인의 온도가 45도 이상으로 상승하면서 산화와 미생물 오염으로 변질되어 독특한 맛을 지니게 된 것이 마데이라의 시초이다. 현재는 와인을 강화하여 에스투파(Estufa)라는 가열로에서 약 3~6월간 온도를 45도 이상 가열시켜 숙성하여 만든다.

마데이라는 알코올 농도 95% 이상의 브랜디를 첨가해 알코올 함유량을 18~20%로 높이고 오크통에서 3년 동안 숙성시킨다. 최고급 와인의 경우 인위적 열처리를 하지 않으며 강한 햇볕을 받도록 하여 자연적으로 숙성시키는데 20년 이상 두는 것도 있다.

기본급 마데이라는 레드와인 용도인 틴타 네그라 몰레를 사용하여 빠르게 가열하고 18개월 이내로 숙성 한 것이며 가벼운 타입의 마데이라는 3년 이상, 리저브는 5년 이상, 스페셜 리저브는 10년 이상, 엑스트라 리저브는 15년 이상, 빈티지 마데이라는 20년 이상 숙성한 것이며, 단일 연도에 나온 단일 품종으로 양조해야 한다.

와인의 등급은 고급을 DOC, 고급와인에 들기 위한 준비단계를 IPR로 두고 있고 Vinho de Mesa(일반 와인)의 범주 안에 지역 와인을 포함하고 있다.

〈표 - 15〉 포르투갈 와인품질관리

포르투갈 국내 분류	등급
최상급 와인	D.O.C (Denominacao de Origem Controlada)
상급 와인	I.P.R (Indicacao Proveniencia Regulmentada)
지방 와인	Vino Regional
테이블 와인	Vino de Mesa

"이곳의 와인 산업은
새로운 전성기를 맞게 되었다."

CHAPTER 06

국가별 와인
(신세계)

CHAPTER 06

국가별 와인(신세계)

1. 미국

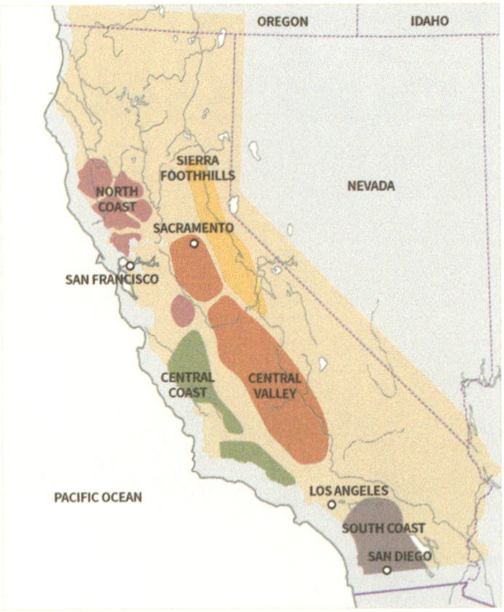

1880년경 이미 캘리포니아의 와인 산업은 이른 황금기를 누렸으나 19세기 말 포도 전염병과 20세기 초 내려진 금주령 때문에 무산되고 말았다. 1940년~50년대에 들어서며 이곳의 와인 산업은 새로운 전성기를 맞게 되었다.

미국의 주요 와인생산지는 캘리포니아, 오레곤, 워싱톤, 뉴욕이다. 이중 미국와인의 90% 이상이 캘리포니아에서 생산된다. 이 곳은 이상적인 기후조건에 풍부한 자본과 과학적이고 우수한 기술, 최신 장비의 도입을 적용하여 세계적인 와인 시장을 이끌어가고 있다. 주요 와인 산지는 5곳으로 나뉠 수 있는데, 나파와 소노마가 있는 고급 와인산지인 북부해안 지방(North coast), 캘리포니아 와인의 80%를 생산하는 최대 와인산지인 중부내륙 지방(Central valley), 시에라 네바다 산맥 기슭의 시에라 풋힐즈(Sierra foothills), 샌프란시스코 남쪽 해안지대인 중부해안 지방(Central coast), 로스앤젤레스, 산타바바라가 있는 남부해안 지방(South coast)이다.

그 외에도 미국의 고급 와인은 워싱턴(Washington), 오레곤(Oregon), 펜실베니아(Pennsylvania), 코네티컷(Connecticut), 뉴욕(New York), 미주리(Missouri), 미시간(Michigan), 버지니아(Virginia)주 등등에서 광범위하게 생산되나 자체소비되는 로컬와인인 경우가 많다.

미국은 프랑스와 이탈리아처럼 법제화된 와인등급이 없으며 'Reserve'표시 정도가 품질을 나타내는 기준이 된다. 와인너리의 명성이 곧 와인의 품질이 되기도 한다. 포도품종은 레드와인용으로는 까베르네 쇼비뇽(Cabernet Sauvignon), 피노 누아(Pinot Noir), 진판델, 메를로(Merlot), 가메, 가메 보졸레, 루비 까베르네가 재배되며, 화이트와인용으로는 샤르도네(Chardonnay), 쇼비뇽 블랑(Sauvignon Blanc), 리슬링 등이 재배된다.

나파(Napa)

나파란 인디언 말로 '풍부한 땅'이란 뜻이다. 미국에서 가장 유명한 포도재배지역으로 샌프란시스코 북쪽에 위치한다. 나파는 북태평양에서 불어오는 시원한 바람과 샌파블로 만에서 생기는 안개로 인해 낮에는 일조량이 풍부하며 밤에는 선선한 기후를 유지할 수 있는 최적의 포도재배지역이다.

캘리포니아 와인생산량의 불과 5%도 안되는 작은 지역이지만 고급와인산지로 미국 전역에서 생산되는 와인 중에서 가장 유명한 곳이다. 이곳 최고의 품종은 까베르네 쇼비뇽이며 보르도 스타일의 메리티지 와인으로 명성을 얻고 있다. 나파의 샤르도네와 피노누아 와인은 남쪽의 서늘한 카네로스(Carneros)에서 나오며, 양질의 쇼비뇽 블랑은 욘트빌(Yountville)에서 나온다.

오크빌(Oakville)에서 세인트 헬레나(St. Helena)까지는 미국의 유명한 와이너리가 모여있으며, 오크빌에서 러더포드(Rutherford)지역까지는 까베르네쇼비뇽 산지로 유명하다. 오크빌은 나파에서 중요한 곳으로 할란 에스테이트(Harlan

Estate), 스크리밍 이글(Screaming Eagle)과 같은 고급 컬트 와인이 많은 곳이다. 러더포드는 캘리포니아의 뽀이약이라 할 수 있을 만큼 까베르네쇼비뇽이 대부분을 차지하며 나머지 역시 보르도 레드품종이다. 일명 러더포드 먼지(Rutherford dust)라는 특유의 흙냄새와 미네랄 향을 갖고 있는 것이 특징이다. 또한 스태그스 립(Stag's leap)은 보르도 스타일의 레드와인을 생산하며 유명한 '파리의 심판'이였던 1976년 파리와인품평회에서 보르도 그랑크뤼 와인을 재치고 1등을 했던 명성을 가진 곳이다.

소노마(Sonoma)

소노마는 인디언 말로 'Many moons'라는 뜻이다. 나파밸리는 평야 지역에 있는데 반해 소노마 밸리는 마야카마 산(Mayacamas Mountains)과 소노마 산(Sonoma Mountains) 사이에 위치한다. 소노마 밸리는 지중해성 온난 기후로 온화하며, 아름다운 자연유산이 풍부해 주민과 방문자에게 최고의 환경을 제공한다.

부티크 와이너리가 많고 나파보다 더 부드러우며, 가격대비 우수한 와인이 많은 것이 특징이다. 대표적으로 소노마 밸리는 소노마에서 가장 오래된 와인산지이며 서늘한 기후로 샤르도네와 피노누아가 대표적이며 북쪽으로는 까베르네 쇼비뇽, 메를로, 진판델 등을 생산한다. 러시안 리버 밸리(Russian river valley)에서는 양질의 피노누아와 샤르도네를 재배되며, 알렉산더 밸리(Alexander valley)는 나파와 견줄만한 부드러운 까베르네 쇼비뇽과 풀 바디의 샤르도네로 유명하다.

로스 카네로스(Los carneros)

소노마 밸리 남단에 서늘한 카네로스는 나파와 소노마 모두를 걸치고 있다. 피노누아와 샤로도네가 유명하고, 프랑스의 샴페인 및 스페인 까바 생산자들이 미국 내 스파클링 와인 생산의 거점으로 활동하고 있는 곳이다. 피노누아는 부르고뉴 타입으로 가볍고, 샤르도네는 숙성잠재력을 지녔다. 한편 카네로스의 시라는 강한 후추 향을 내며 북부 론 와인을 떠올리게 한다.

오레곤(Oregon)

기후적 조건으로 인해 프랑스 부르고뉴 스타일과 비슷하며, 오레곤의 대부분인 윌러미트 밸리(Willamette valley)는 겨울에는 비가 많고 여름에는 서늘한 기후로 피노누아의 대표적 생산지이다. 오레곤은 미국의 부르고뉴라고 불릴만큼 세련되고 섬세한 피노누아를 생산한다. 버섯향, 가죽향, 블랙베리, 라즈베리, 커피 등의 풍부한 아로마와 뛰어난 구조감을 자랑한다.

▶ 컬트 와인(Cult wine)

캘리포니아에서 고품질의 와인을 소량생산하여 예약판매나 경매에서 고가에 팔리는 와인이다. '부티끄 와인' 혹은 '컬트 캡'(캡-까베르네 쇼비뇽의 준말)으로도 불리는 이 와인들은 최고의 토양에서 최고의 기술로 만들어진 최상급 와인으로 대개 100% 까베르네 쇼비뇽이거나 이를 주 품종으로 한 보르도 스타일의 레드 와인이다.

할란 에스테이트(Harlan Estate), 스크리밍 이글(Screaming Eagle) 세이퍼 빈야즈(Shafer), 브라이언트 패밀리 빈야드(Bryant Family vineyard), 콜긴(Colgin), 달라 배일(Dalla valle), 아라우호 아이젤 빈야드(Araujo eisele vineyard) 등으로 까베르네 쇼비뇽을 주품종으로 한다.

▶ 오퍼스원

로버트 몬다비(Mondavi Winery)와 Premier Grand Cru 프랑스 와인을 생산하는 필립 드 로칠드(Rothschild)가 나파지역의 최고급 보르도 스타일 와인을 만들어 보자는 취지로 합작하여 만든 명품와인이다. 오퍼스 원은 나파 밸리에서 재배된 까베르네 쇼비뇽, 멜를로, 까베르네 프랑을 블렌딩하여 만든 보르도 스타일의 와인이다.

✻ OPUS ONE

미국의 로버트 몬다비(Robert Mondavi)가 프랑스의 1등급 와인중 하나인 샤토 무통 로쉴드(Château Mouton-Rothschild)와 제휴하여 만들어낸 프리미엄급 와인이며, 오푸스(Opus)는 라틴어로 [작품]을 뜻하며 클래식 음악의 작품번호(Op.)를 말하기도 한다. 즉 와인 이름이 [작품 1번]이라는 뜻이다.

〈표-16〉 미국와인품질관리

미국 국내 분류	구분
주(State)명칭	해당 주에서 생산된 포도를 100% 사용해야 함
카운티(County)명칭	해당 카운티에서 생산된 포도를 75% 이상 사용해야 함
A.V.A(American Viticultural Area: 지정재배지역)명칭	해당 A.V.A에서 생산된 포도를 85% 이상 사용해야 함
포도밭 명칭	해당 포도밭에서 생산된 포도를 95% 이상 사용해야 함
메리티지(Meritage)와인	Merit + Heritage 의 합성어로서 '버라이어털'보다 고급 등급인 보르도스타일의 와인이다. 예로 몬다비와 롯쉴드의 합작인 오퍼스 원(Opus one)을 들수 있다.
버라이어털(Variatal)와인	단일 포도품종이 75% 이상 사용된 고급와인으로써 라벨에 품종을 기재한다.
제너릭(Generic)와인	블렌딩와인으로 저렴한 테이블급 와인으로써 품종을 쓰지 않고 스타일만을 표기한다.

2. 호주

호주와인의 발전사는 미국과 비슷한 18세기 말 무렵 시작되었다. 과거 셰리나 포트와 같은 강화와인이 주를 이루어 영국으로 수출되었으나 오늘날 기술혁신과 끊임없는 노력으로 인해 다양한 종류의 양질의 프리미엄급와인이 생산되고 있다. 2003년에는 영국시장에서 프랑스를 제치고 점유율 1위를 차지하기도 했다.

호주 와인산업의 성공핵심은 데일리 와인이라 할 수 있는데, 이는 관개용수의 의존도가 높은 호주에서 이를 이용하여 거대한 포도밭에서 신선한 와인을 대량생산하는 것이다. 그 대표적 성공 브랜드가 옐로우 테일이다. 또한 호주는 코르크 마개가 아닌 돌려 따는 스크류 캡이 상당히 대중화된 나라이며(뉴질랜드가 처음 도입), 가격대비 실속있는 대용량 팩와인으로 유명하다.

주요 와인산지는 사우스 오스트레일리아(South Australia), 뉴 사우스 웨일즈(New South Wales), 웨스턴 오스트레일리아(Western Australia), 빅토리아(Victoria), 타스마니아(Tasmania), 퀸스랜드(Queensland)로 구분되며, 그 중 미국의 캘리포니아에 해당되는 사우스 오스트레일리아는 호주와인 생산량의 50% 이상을 차지하는 최대의 와인산지이다. 석회암지대와 테라로사(Terra rossa)라는 붉은 토양을 갖는 것이 특징이다. 호주 대표 메이커로 펜폴즈(Penfolds), 린더만스(Lindemans), 울프 블라스(Wolf Blass)를 꼽는다.

호주 와인 산지 〈사진=Wine Australia〉

포도품종은 레드와인용으로는 Shiraz(Syrah), 까베르네 쏘비뇽(Cabernet Sauvignon), 메를로(Merlot), 피노누아(Pinot Noir), 그르나슈(Grenache), 까베르네 프랑(Cabernet Franc), 루비 까베르네(Ruby Cabernet)이 재배되며, 화이트와인용으로는 샤르도네(Chardonnay), 쎄미용(Semillon), 리슬링(Riesling), 쇼비뇽 블랑

(Sauvignon Blanc), 콜롬바드(Colombard), 베르델호(Verdelho), 술타나(Sultana), 뮈스까 고르도 블랑코(Muscat Gordo Bianco)가 재배된다. 이 중 쉬라즈는 호주를 대표하는 품종이며, 마가렛리버와 쿠나와라에서는 까베르네 쇼비뇽이 대표적이다.

바로사 밸리(Barossa valley)

호주의 나파라고 불릴 만큼 호주에서 가장 주목받는 고급와인 생산지역이다. 이곳은 18세기 독일 이민자들에 의해 포도재배가 시작되었으며, 지금도 여전히 이 계곡에서 훌륭한 리슬링(Riesling) 와인을 생산하고 있다. 최상급 호주 와인 일부가 이 계곡에서 생산되며 덥고 건조한 기후에서 쉬라즈는 풀바디하며 부드럽고, 풍부한 초콜릿향과 향신료향을 낸다. 현재 와인업계에서 이지역이 차지하는 중요도는 매우 크다. 유명한 와이너리로는 펜폴즈(Penfolds), 얄럼바(Yalumba), 울프 블라스(Wolf Blass)등이 있다.

울프 블라스 시리즈

클레어 밸리(Clare valley)

호주 최고의 고급 리슬링 생산지역으로 유명하며 대표적 생산자로는 그로셋(Grosset), 플로리타(Florita), 킬리카눈(Kilikanoon)등이 있다. 또한 쉬라즈와 까베르네 쇼비뇽으로 만든 자두향의 농축된 풀바디 레드와인도 세계적 수준이다.

쿠나와라(Coonawarra)

호주에서 최고급 레드 와인 생산지로 인정받고 있으며, 호주의 보르도라는 별명을 지닌 곳이다. “쿠나와라”라는 이름은 “야생 인동 덩굴의 고장”이라는 의미이다. 이 지대는 비교적 낮고 평평하며 토양은 테라로사(Terra rossa)라는 촉촉이 젖은 석회석에 붉은 철광석과 점토 사토가 섞여있는 것이 특징이며 까베르네 쇼비뇽 와인으로 유명하다. 이곳은 호주 지역에서도 포도 숙성이 가장 빨리 되고 훌륭한 와인이 생산되는 곳이다.

애들레이드 힐즈(Adelaide hills)

서늘한 기후조건으로 타 지역과는 차별화된 고급 테이블 와인과 스파클링 와인이 생산된다. 이곳은 시트러스향의 쇼비뇽 블랑으로 유명한 호주 최초의 와인산지이며, 까베르네와 메를로, 쉬라즈가 생산되고 있지만, 샤르도네와 피노누아가 더 중요한 품종이다.

헌터밸리(Hunter valley)

뉴사우스웨일스의 헌터밸리(Hunter Valley)는 Upper와 Lower Valley로 나뉜다. 특히 어퍼 헌터 밸리는 근대적인 시설을 갖춘 와이너리가 많고 샤르도네로 만든 고급 드라이 화이트 와인을 주로 생산하며 레드와인의 생산량은 적다. 대표적 와이너리로는 로즈마운트(Rosemount)에스테이트가 있다. 기후는 무더우나 여름과 겨울 강우량이 비슷한 희귀한 곳으로 헌터밸리 와인은 뚜렷한 향을 지니고 있어 프랑스의 Macon(마꽁)이나 론(Rhone) 와인을 연상시키는데, 쉬라즈로 만든 레드와인은 농후한 풍미를 내고 쎄미용으로 만든 드라이 화이트 와인은 풍부한 열대 과일향을 지닌다.

야라 밸리(Yarra Valley)

빅토리아의 야라밸리는 멜버른과 인접하여 관광객들의 필수코스이다. 대부분의 포도원들이 언덕받이에 위치해 있어 비교적 서늘한 기후와 포도 재배에 알맞은 토양을 가지고 있다. 이곳은 코트 드 본의 스타일을 닮은 호주 최고의 피노누아와 균형이 잘 잡힌 장기숙성용 샤르도네가 유명하다. 서늘한 땅에서의 쉬라즈(Shiraz), 까베르네 쇼비뇽(Cabernet Sauvignon)도 깔끔한 스타일로 좋은 편이다. 1987년 모엣 샹동은 이곳에 도멘 샹동을 설립하고 고급 스파클링 와인 생산의 기반을 마련하였다.

호주 와인의 규정

GI(Geographical indications)는 호주 와인생산 지역과 산지에 관한 원산지를 명시하기 위해 1994년 제정되었으며 이는 레이블 통합 프로그램 즉 LIP(Label Integrity Program)를 통해 와인 레이블에 지역, 포도품종, 빈티지를 명시함으로써 와인을 보증하도록 규정하였다.

레이블 표기시 포도품종은 85% 이상 사용되어야 표기할 수 있으며 두 가지 품종 이상이 블렌딩되었을 경우, 보다 많이 사용된 품종명 순으로 표기한다. 산지명과 빈티지 역시 85% 이상이라야 표기할 수 있으며, 알코올은 8도 이상 되어야 한다. 그 밖에 Bin Number, Private Bin 은 와인저장고의 넘버로 상표명이 되기도 한다.

호주와인은 전통적 블렌딩방식과는 달리(예: 전통적 프랑스 보르도 지방의 와인 = 까베르네 소비뇽 + 까베르네 프랑 + 메를로) 쉬라즈(Shiraz)에 까베르네 소비뇽을 혼합하거나 쎄미용(Semillion)에 샤도네이(Chardonnay)를 혼합하는 것과 같이 새로운 호주식 와인 혼합방식을 가지고 있다.

그 외에 와인경매회사인 랭턴즈(Langtons)사가 호주 고급와인을 대상으로 5년마다 실시하는 등급분류(Exceptional 〉 Outstanding 〉 Excellent)가 있다

▶ 와인스타일

- 제너릭 와인(Generic Wine): 유럽의 유명 와인산지명을 이용하여 스타일을 표기하며 품종은 기재되지 않는다. 국내에서 소비되는 저가 테이블급 와인이며, 수출용은 Dry Red, Dry White 등으로 표기된다.
- 버라이어탈 와인(Varietal Wine): 레이블에 포도품종을 표기한 와인이다.
- 버라이어탈 블랜드 와인(Varietal Blend Wine): 고급 포도품종을 블렌딩한 와인으로 비율에 따라 순서대로 표기된다.

3. 칠레

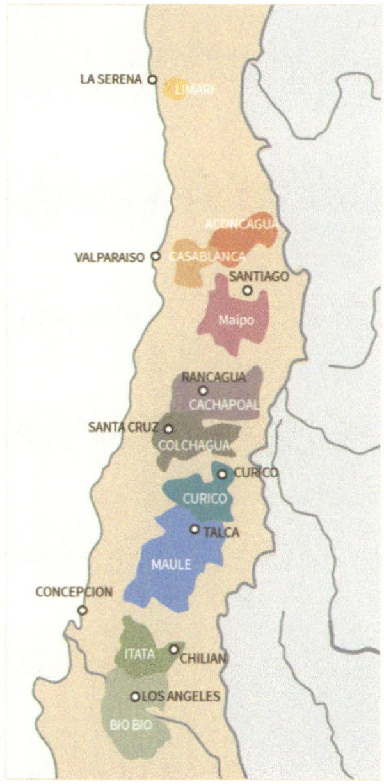

칠레는 남미 최고급 와인을 생산하는 나라이다. 전 세계에서 유일하게 필록셀라 해충으로부터 피해를 입지 않은 산지로 매혹적인 맑은 기후와 이상적인 토양조건, 병충해 없는 포도밭을 갖은 나라이다.

1980년대부터 문호개방과 함께 장비의 현대화, 양조 및 재배 기술의 개발, 유럽과 미국에서의 자본유입으로 인해 현재 전 세계 와인시장에 새로운 트렌드를 형성하고 있다. 값싼 노동력과 토지비용을 바탕으로 한 지속적인 발전으로 가격대비 최고의 맛을 지닌 와인을 생산한다.

포도의 품종과 와인의 양조기술에 있어서 프랑스의 영향을 많이 받은 탓에 와인의 스타일도 프랑스 보르도 와인과 매우 유사하다. 특히 레드와인의 경우 세계적 수준으로 인정받고 있다.

칠레 와인이 갖는 맛의 경쟁력은 이상적인 포도 재배 환경에서 나온다. 칠레 와인생산지역의 대부분이 해안산맥과 안데스 산맥의 한가운데인 중앙부에 집중되어 있어 타 생산국과는 달리 빈티지의 영향의 영역이 제한적이고 이러한 지형적 여건과 지중해성 기후가 밤낮의 기온차를 가져와 와인의 향과 풍미를 더해 준다.

칠레에서 재배되는 프리미업급 포도 중 약 40%가 까베르네 쇼비뇽이며, 최근 와인선진국들의 기술적 혁신과 자본 참여로 인해 월드 클래스급의 와인들을 선보이고 있다. 스페인 미겔 또레스(Miguel Torres), 프랑스 바롱 필립 드 로췰드(Barron Pillippe de Rothschild), 미국 로버트 몬다비(Robert Mondavi) 등이 그러하다.

칠레는 천혜의 지형 조건을 갖고 있다. 남북으로 펼쳐진 국토의 길이는

4,200km이고, 동서간 폭은 가장 넓은 곳이 375km, 그리고 가장 좁은 곳이 90km이다. 국토의 동쪽과 서쪽은 각각 안데스 산맥과 코스탈산맥(Coastal Range) 때문에 솟아오른 형상을 띤 반면 중앙부분은 평지를 이룬다. 국토가 남북으로 길게 뻗어 있기 때문에 동서의 양대 산맥으로 형성된 자연적인 장벽과 북쪽의 아열대 난류와 남쪽의 한류가 흐르고, 위도와 경도에 따라 다양한 기후대를 가진다.

칠레의 와인산지는 남위 30도에서 40도에 이르는 모든 지역에서 포도 재배가 가능하다. 겨울철과 초봄에 강수량이 집중돼 있고 나머지 기간은 건기인데, 이때 포도가 재배되기 때문에 병충해가 생길 가능성이 적다. 또 이 시기에는 안데스 산맥에서 녹아 흐르는 풍부한 용수로 관개를 하고 있다. 일조량이 많고 일교차가 15~18도에 이르고 있어 최적의 기후조건에서 포도가 재배되고 있다.

대부분의 포도밭들은 코스탈(Coastal)산맥과 안데스 산맥 사이의 센트럴 밸리(Central Valley)에 집중되어 있고, 협곡 사이로 작은 강들이 흘러 바다에 이른다. 북쪽의 아타카마(Atacama) 사막에서부터 남쪽의 말레코(Malleco) 밸리에 이르기까지 포도들은 800마일에 걸쳐 강 근처의 충적토로 이루어진 석회석과 진흙질의 토양에서 자라난다.

칠레는 풍부한 일조량과 마일드한 기후, 길고 건조한 여름의 지중해성 기후로 포도재배에 최적의 떼루아를 지닌 나라이다.

▶ 포도품종

- 적포도품종 : 까베르네 쏘비뇽(Cabernet Sauvignon), 메를로(Merlot), 피노누아(Pinot Noir), 까르메네르(Carmenere), 꺄베르네 프랑(Cabernet Franc), 시라(Syrah)
- 백포도품종 : 샤르도네(Chardonnay), 리즐링(Riesling), 쇼비뇽 블랑(Sauvignon Blanc), 슈냉 블랑(Chenin Blanc)

아콘카과 밸리(Aconcagua valley)

북아메리카 최고봉인 '아콘카과 산' 지류의 계곡에 펼쳐진 와인 산지로 산 정상이 눈으로 덮여 있다. 특히 까베르네 쇼비뇽과 쉬라즈 품종을 주로 재배하며 유기농 농법이 널리 실행되고 있는 것이 특징이다.

선선하고 건조한 날씨는 유기농법뿐만 아니라, 더 나아가 바이오다이내믹 농업의 활성화에 바탕이 되었다. 1994년에 칠레 최초로 이 지역에서 시라를 재배했고 까베르네 쇼비뇽, 메를로에 이어 재배 순위 3위를 차지하고 있다. 대표적인 와이너리는 아구스티노스(Agustinos), 에라주리즈(Errazuriz) 등이다.

카사블랑카 밸리(Casablanca valley)

화이트 와인에 적합한 한층 선선한 기후의 지역으로 토양의 다양성과 기후의 영향으로 프리미엄급 와인이 생산된다. 우수한 품질의 샤르도네, 피노누아가 대표적이다.

마이포 밸리(Maipo valley)

수도 산티아고와 지리적 접근성이 뛰어나 유명 와이너리들이 밀집되어 있다.

작은 부티크 와이너리들이 점차 대규모의 생산 능력을 갖춘 와이너리로 변모하고 있다.

칠레의 훌륭한 화이트 와인의 생산지가 카사블랑카 밸리라면, 칠레의 훌륭한 레드 와인 생산지는 바로 마이포 밸리이다. 까베르네 쇼비뇽을 150년 넘게 재배했고 이 지역에 뿌리를 둔 많은 와이너리들의 역사는 100년을 넘을 정도로 칠레 와인 역사에서 빼놓을 수 없는 지역이다. 떼루아에 따라 3개의 아펠라시옹으로 나뉘어져 있는데, 안데스에 인접한 Alto Maipo, 평지로 되어 있는 Central Maipo, 해변을 향한 Coastal Maipo이다. 까베르네 쇼비뇽이 압도적으로 재배되고 있는데, 특히 Alto Maipo 에서는 균형이 잘 잡히고 탁월한 까베르네 쇼비뇽이 생산되는 것으로 유명하다. 대표적인 와이너리는 Almaviva, Carmen, Chadwick, Concha y Toro, Cousino Macul, Domus Aurea, Haras de Pirque, Santa Rita, Tarapaca, Undurraga 등이 있다.

콜차과 밸리(Colchagua valley)

까베르네 쇼비뇽, 까르메네르, 쉬라즈, 말벡 등의 품종으로 진한 느낌의 풀바디 스타일의 와인이 생산된다.

마울레 밸리(Maule valley)

칠레에서 가장 넓은 와인 생산지로 칠레 전체 와인 재배지 중 43%가 이곳에 집중되어 있다. 지중해성 기후와 함께 다양한 지질학적 특성을 갖으며 작은 부티끄 와이너리들이 많이 있다.

쿠리코 밸리(Curico valley)

칠레에서 두 번째로 큰 와인생산지로 1970년대에 스페인 회사 '미구엘 토레스'가 와이너리를 설립하면서 근대화가 시작되었고, 현재 칠레를 대표하는 톱 클래스 포도밭이 다수 포진해 있다.

〈표-17〉 칠레 와인품질관리

칠레 국내 분류	등급
D.O. (Denominacao de Origen) 원산지 표시 와인	칠레에서 병입된 와인으로 그 지역의 해당포도를 75% 이상 사용해야 하며, 빈티지는 표시 연도의 포도를 75% 이상 사용해야 함. 두 가지 품종 이상을 표시하는 경우 세컨드 품종을 15% 이상 사용하며, 3종류까지 비율에 따라 순서대로 표기 가능함
원산지 없는 와인	원산지 표시만 없고, 품종과 빈티지에 대한 규정은 D.O와인과 같음
비노 데 메사 (Vino de Mesa)	테이블급 와인으로 포도품종과 빈티지를 표시하지 않음

원산지 명칭 제도와 함께 칠레와인등급을 구분하고 있는 규정은 숙성기간이다.

▶ 숙성에 따른 등급

- 레제르바 에스페셜(Reserva especial) : 최소 2년 이상 숙성된 와인에 표기
- 레제르바(Reserva) : 최소 4년 이상 숙성된 와인
- 그란 비노(Gran vino) : 최소 6년 이상 숙성된 와인
- 돈(Don) : 전통있는 유명 와이너리의 장기 숙성 와인으로 프리미엄급 와인

〈표-18〉 칠레 와인산지

Vine growing region	Sub region	Zone
Coquimbo region	Elqui valley	
	Limari valley	
	Choapa valley	
Aconcagua region	Aconcagua valley	
	Casablanca valley	
	San antonio valley	Layda valley
Central valley region	Maipo valley	
	Rapel valley	Cachapoal valley, Colchagua valley
	Curico valley	Teno valley, Lontue valley
	Maule valley	Claro valley, Loncomilla valley, Tutuven valley
South region	Itata valley	
	Bio-Bio valley	
	Malleco valley	

4. 아르헨티나

아르헨티나는 세계 5위의 와인 생산국으로 안데스 산맥의 만년설이 녹아내린 물이 해발 900m 이상의 고지대에 있는 포도밭으로 흘러들어 간다. 이 때문에 아르헨티나 와인은 세계에서 가장 깨끗한 환경에서 자란 포도로 양조된다.

아르헨티나는 공해가 없고 햇살이 좋으며 일교차가 크다. 주요 포도 산지는 기후가 덥고 건조하며 일조량이 많지만 최고의 생산지는 높은 고도에 위치하며 좀 더 서늘하다. 따라서 우수한 품질의 포도를 생산할 수 있는 떼루아를 가진 나라로 알려졌다.

아르헨티나는 1550년대에 처음 포도 재배가 시작됐으며, 1880년대에 1차 르네상스를 맞아 '트라피체'라는 포도원을 설립하고 말벡(Malbec) 품종의 포도를 육성했다. 원래 말벡의 원산지는 프랑스 보르도인데 보르도에서는 특별한 개성을 보여주지 못했으나, 말벡이 아르헨티나에서는 그 맛과 향을 제대로 발산하게 된다. 안데스 산자락의 높은 고도가 포도의 맛과 포도의 첫 번째 향기인 아로마(Aroma), 농도를 최상으로 끌어올리는 데 결정적인 역할을 했기 때문이다.

아르헨티나의 말벡은 자두, 건포도, 커피, 초콜릿 맛과 꽃 향을 지녔으며, 탄닌 또한 부드럽고 우아하여 보르도 지방에서 자라는 말벡보다 전반적으로 구조의 짜임이 탄탄하고 조화롭다.

아르헨티나 포도 산지는 크게 살타(Salta), 까따마르카(Catamarca), 라 리오하(La Rioja), 산 후안(St. Juan), 멘도사(Mandoza), 리오 네그로(Rio Negro)로 나뉜다. 그중에서도 안데스 산자락의 동쪽인 멘도사(Mendoza)와 산 후안(St. Juan)을 중심으로 포도 산지가 형성되어 있다. 가장 중요한 산지는 대륙성 준 사막 기후인 멘도사 지역이다. 이 지역에서 아르헨티나 와인의 2/3이상을 생산하며 와인 생산자만 해도 3천명이 넘는다.

레드와인을 주로 생산하기 때문에 말벡을 주 품종으로 하지만 이 외에도 까베르네 쇼비뇽과 화이트와인 품종인 샤르도네, 슈냉 블랑, 리슬링, 뮈스카 등도 재배한다.

남미 1위의 와인 브랜드 '트라피체'

안데스의 멘도사 지역에 있어 상류층을 위한 고급 와인을 만들었던 트라피체는 오늘날 세계적으로 유명한 와인 브랜드로 변신했다. 아르헨티나 수출 1위 브랜드일 뿐만 아니라 남미 전체로도 와인 수출 1위를 차지한다. 국내 아르헨티나 와인 전체 수입량의 약 50%를 차지하며, 물량과 금액 면에서 모두 압도적인 1위를 기록하고 있는 명실상부한 아르헨티나 대표 와이너리이다.

5. 남아프리카 공화국

아프리카 대륙에 있는 50개 이상의 국가들 중에서 와인을 생산하는 것으로 알려진 나라는 남아프리카공화국, 모로코, 알제리, 튀니지, 이집트, 리비아, 짐바브웨, 케냐 등 약 8개국 정도이다. 그럼에도 불구하고 남아프리카공화국은 생산량으로 전세계 10위권 안에 드는 주요 와인 생산국일 뿐만 아니라 아프리카 대륙에서 가장 품질 좋은 와인을 생산하고 있다.

남아프리카 공화국의 포도 산지는 희망봉(Cape of good hope) 주변에 몰려 있으며 이 지역은 더운 기후지만 대서양에서 불어오는 서늘한 바닷 바람덕분에

프리미엄급 와인을 생산한다. 남아공 와인의 65%가 화이트와인이며, 슈냉블랑, 쇼비뇽블랑이 주를 이루며 나머지 레드와인으로는 까베르네 쇼비뇽, 시라, 피노타지, 메를로 순으로 재배된다.

와인 양조는 17세기 네덜란드인들이 포도밭을 조성하면서 시작됐다. 현재 남아공은 세계 10대 와인 생산지 중 하나로 꼽히는데 약 40종에 달하는 남아프리카 공화국의 포도 가운데 가장 인기 있는 청포도 품종은 슈냉 블랑이다. 대표적인 적포도 품종으로는 쌩소와 피노 누아의 교배로 탄생한 피노타지(Pinotage)이며, 세계적으로 거의 이 지역에서만 생산돼 남아프리카공화국의 아이콘 와인으로 손꼽힌다. 풀바디에 적당한 탄닌과 붉은 과일풍미를 가지며 식물성 향과 가죽과 같은 동물성 향을 내기도 한다.

대표적인 와인 생산지역인 스텔렌보쉬(Stellenbosch)는 케이프타운 근처에 있으며 가장 훌륭한 레드와인을 생산한다. 콘스탄티아(Constantia)는 디저트 와인 뱅 드 콘스탄스(Vin de constance)가 생산되는 지역이며 그 밖에 팔(Paarl)에서는 디저트 와인과 쉐리 와인이 생산된다.

6. 뉴질랜드

뉴질랜드 와인의 역사는 1838년 호주 포도재배의 아버지라 불리는 제임스 버스비가 포도나무를 들여온 것이 시초라 보며 와인 생산국 중 가장 늦게 와인을 생상하기 시작했지만, 지금은 세계 11위의 와인수출국으로 성장했다. 쇼비뇽블랑과 피노누아 품종이 대표적이다. 호주와 더불어 천연 코르크 마개 대신 스크루캡을 가장 많이 사용하는 나라이기도 하다. 서늘한 해양성 기후와 비교적 온난하고 강렬한 햇볕으로 포도의 산도가 높고 경쾌한 것이 특징이다.

▶ 와인의 등급 분류

엄격한 규제나 공식적인 등급분류는 없으며 단지 레이블에 포도품종를 표기할 경우 해당 품종의 비율이 85% 이상이어야 한다. 또한 레이블에 생산지역이 표시될 경우에도 그 지역에서 생산되 포도가 최소 85% 이상 포함되어야 한다.

혹스 베이(Hawke's bay)

북섬 남동쪽 해안지대에 위치한 혹스베이는 질 좋은 포도를 생산하기 적합한 떼루아조건을 갖추고 있다. 남섬의 말보로(Marlborough)와 함께 고품질 와인을 생산하는 뉴질랜드의 대표적인 와인 산지이다. 레드와인 품종으로는 까베르네 쇼비뇽, 멜를로, 쉬라즈, 피노누아, 화이트 품종에는 쇼비뇽 블랑, 샤르도네, 피노 그리 등 다양한 종류의 와인들이 생산된다.

말보로(Marlborough)

남섬의 북동부에 위치하며 뉴질랜드 쇼비뇽 블랑으로 유명한 곳이다. 쇼비뇽 블랑이 가장 많이 재배되지만, 피노 누아와 샤르도네, 리슬링의 품질도 우수하다. 말보로의 쇼비뇽 블랑은 약간의 시트러스향과 녹색 과일, 생기넘치는 잔디향이 특징이다. 주요 와이생산자로는 클라우디 배이(Cloudy Bay), 킴 크로포드(Kim Crawford), 델타(Delta), 헤르조그(Herzog), 잭슨 에스테이트(Jackson Estate) 등이 있다.

센트럴 오타고(Central Otago)

남섬의 가장 남쪽에 위치하며 서늘한 기후조건으로 훌륭한 피노누아를 생산한다. 맑은 루비색, 잘 익은 레드베리류의 과일향이 특징이며 숙성기간에 따라 진한 나무 향도 지닌다. 화이트 품종은 피노 그리, 샤르도네, 리슬링, 쇼비뇽 블랑이 재배된다.

7. 캐나다

캐나다의 포도재배지역은 4개의 지역으로 구분되는데, 캐나다에서 생산되는 와인의 약 80%를 생산하는 온타리오(Ontario)와 다음으로 브리티시 콜롬비아(British Columbia) 그리고 퀘백(Quebec), 노바 스코시아(Nova Scotia)에서도 와인이 생산된다. 현재 캐나다에는 300개 이상의 와이너리가 있으며 더 많은 와이너리가 계획되고 있다.

온타리오주(Ontario)

캐나다에서 가장 중요한 퀄리티 와인 생산 지역은 온타리오(Ontario)주 남쪽 가장자리에 있는 나이아가라 패닌슐라(Niagara Peninsular)지역으로 온타리오주의 약 97%를 차지한다. 리슬링, 비달 등으로 독일식 와인을 만드는데, 특히 이곳의 겨울 기온은 매우 낮아 아이스 와인(Ice wine)생산에 적합하며 아이스 와인은 이 지역 특산물로 세계적으로 유명하다. 대표적 업체로는 이니스키린(Inniskillin)이 있다.

이니스키린

- 나이아가라 패닌슐라(Niagara Peninsular)
- 레이크 이리 노스 쇼(Lake Erie North Shore)
- 필리 아일랜드(Pelee Island)

브리티시 콜롬비아(British columbia)

벤쿠버(Vancouver)에서 동쪽으로 320km 떨어진 켈로우나(Kelowna)시 근처에 있는 오카나간 밸리(Okanagan Valley)는 브리티시 콜롬비아(British Columbia) 포도밭의 약 95%를 차지하며, 유럽종 포도를 많이 배재한다.

- 오카나간 밸리(Okanagan Valley)
- 시밀카민 밸리(Simikameen Valley)
- 페레져 밸리(Fraser Valley)
- 벤쿠버 아일랜드(Vancouver Island)

와인의 규정

캐나다에서는 지방음료위원회(Provincial Liquor Boards)가 와인생산을 규제하고 있는데 1988년부터 원산지명칭통제를 위한 V.Q.A.(Vintners Quality Alliance)제도가 도입되어, 현재 온타리오주 3곳, 브리티시 콜롬비아주 4곳 총 7곳이 지정포도재배지역(DVA: Designated Viticultural Areas)으로 지정되어 있다. 이는 와인 레이블에 기재되는 지역명과 포도품종의 사용을 규제하며, 아이스바인, 레이트 하비스트, 귀부와인과 같은 용어의 사용도 규제하며, 와인 테이스팅에 통과하여야 한다.

- 지역이 표기되면 100% 캐나다에서 생산된 포도이다.
- 해당 지역에서 생산된 포도가 85% 이상 포함된 와인이다.
- 포도원의 이름을 표기할 경우 100% 그 포도원에서 생산된 포도여야 한다.
- 포도원에서 병입된 와인의 경우 100% 직영 농장에서 재배, 양조된 포도여야 한다.

N·O·T·E

"우리가 '맛'이라고 표현하는 것들의
대부분은 '향'인 경우가 많다."

CHAPTER 07

와인테이스팅

CHAPTER 07

와인테이스팅

1. 호스트 테이스팅(Host Tasting)

모임의 주최자나 와인을 주문한 사람, 특별한 날 한턱 내기로 한 사람이라면 호스트 테이스팅을 하게 된다. 즉, 와인을 주문한 사람이 와인을 마시기전에 와인의 상태를 확인하기 위해 시음하는 것이다. 사실 와인 초보자라면 소믈리에가 내민 코르크를 어떻게 해야 하는지 망설여지고, 이런 상황이 쑥스럽고 어색할 수 있다. 다음의 절차에 따라 시음하면 된다.

❶ 주문한 와인이 맞는지 레이블을 확인한다.

주문하여 온 와인의 이름, 빈티지, 포도품종 등 자신이 주문한 와인과 일치하는지 반드시 확인한다. 같은 이름의 와인일지라도 충분히 다를 수 있다.

❷ 코르크 상태를 확인한다.

소믈리에가 건네준 코르크의 상태가 건조하지는 않은지, 코르크 바깥쪽까지 와인이 넘친 흔적이 있는지, 곰팡이가 생겼는지, 시큼한 냄새가 나는지 등을 확인한다.

❸ 글라스에 와인을 따르게 한다.

소믈리에가 호스트의 잔에 소량의 와인을 따르면 테이스팅 순서에 맞추어

(색－향－맛) 음미한다. 영한 와인임에도 불구하고 갈변이 있거나 시큼한 냄새 또는 곰팡이 냄새 등 불쾌한 냄새가 난다면 변질된 와인으로 판단된다. 이럴 땐 와인의 교체를 요구한다.

❹ 테이스팅후 좋으면 만족을 표시한다. 소믈리에는 시계방향으로 여성고객부터 따라 줄 것이다.

❺ 잔이 모두 채워지면 주최자가 건배를 제의한다. 서로의 눈을 바라보며 잔은 살짝 부딪친다.

✽ 주의: 호스트 테이스팅은 주문한 와인이 맞는지, 와인에 문제가 없는지를 확인하는 과정이지 와인이 자신의 입맛에 맞는지를 확인하는 기회가 아니다. 호스트 테이스팅이 자신없거나 귀찮다면 그냥 소믈리에에게 맡겨도 좋다.

2. 테이스팅기법

외관에 영향을 미치는 요인

- 와인 잔: 깨끗하고 무늬와 색상이 없는 와인 잔으로, 잔을 흔들었을 때 와인이 쏟아지지 않도록 오목한 튤립 모양이어야 한다.
- 배경: 시각적 관찰시 색상의 왜곡이 없도록 흰색을 배경으로 한다.
- 광원: 가장 사실적인 색상을 비교하기 위해서는 낮의 햇빛(자연광)이 가장 좋다. 백열등은 레드 와인의 자주 빛을 더 빨갛고 갈색으로 보이게 하며, 형광등은 와인의 색상을 단조롭게 할 수 있다.

와인 테이스팅 하는 법

시각(Sight)

- 색상 : 레드와인은 빨간색과 자주색 계열로 구별되며, 화이트와인은 노란색과 녹색계열로 대비된다.
- 광택 : 전구의 와트와 같이 표면에서 반사하는 빛에너지를 의미한다. 외관이 흐리거나 광택이 없으면 대개 산도가 부족한 것이며, 와인의 품질을 높이기 위해 필요한 요소다. 특히 화이트 와인에서 중요한 성질이다.
- 깊이 : 색상의 정도나 강도로 색상의 품질을 말할 때 사용한다. 위에서 내려다 볼 때 와인잔의 스템부분이 보이는지 여부로 비교가능하다.
- 이산화탄소(CO_2)기포 : 일반 와인들도 약간의 잔여 탄산가스를 발효과정에 함유하고 있으나 미관이나 미감으로 감지하지 못할 정도이며, 기포는 와인에 생동감과 풍미를 더한다. 오래된 와인보다는 햇와인, 레드와인보다는 화이트 와인에 많이 보인다.
- 침전물 : 오래된 와인, 특히 레드와인에서 색료성분인 탄닌과 주석산염 결정으로 이루어진 침전물이 생긴다. 이런 경우 디캔팅이 필요하다.
- 점도 : '와인의 눈물(다리)'라고 하며, 알코올의 강도와 당분 함량과 관련이 있다.
- 옆에서 관찰하기 : 와인의 투명도, CO_2기포 유무, 점도 등을 관찰한다.

레드와인의 색상

- 포도껍질에 있는 [폴리페놀]이라는 색소화합물의 작용으로 나타난다.
- [폴리페놀] 중 가장 중요한 두 성분인 안토시아닌과 탄닌은 와인 양조과정에서 추출된다.
- [폴리페놀]의 양과 색조, 강도는 포도품종, 수확시 포도의 익은 정도, 침용기간에 따라 각기 다르게 나타난다.
- 안토시아닌은 자주빛, 탄닌화합물은 오렌지빛을 띄며 중합현상(분자들이 화합)을 일으켜 결국엔 가라앉아 침전물의 일부가 된다. 안토시아닌이 탄닌보다 중합현상이 먼저 일어나기 때문에 자주빛 색상이 먼저 가라 앉고 오렌지 빛이 남게 된다.

▶ 레드와인 색상과 깊이

- 색상의 농도는 레드와인의 풍미와 관련이 있다.
- 눈에 띄게 색상이 엷은 와인은 과도한 생산량, 완숙하지 않은 포도, 비 올 때 수확, 불충분한 침용추출 등으로 인한 결핍일 수 있다.
- 너무 짙은 색상은 과도한 추출, 너무 많은 압착이 된 경우일 수 있으며 거친와인일 수 있다.
- 레드와인의 색상에 영향을 미치는 요소에는 포도품종, 기후, 양조기술 등이 있다.

  예 부르고뉴의 서늘한 기후를 선호하고 비교적 껍질이 얇은 피노누아는 옅은 붉은색을 띈다. 반면 무더운 기후의 전형적인 잉크빛 자주색을 지닌 호주 쉬라즈는 매우 높은 안토시안 함유량을 갖는다.

화이트와인의 색상

- 색상의 일부는 폴리페놀로 인해 나타나지만, 레드와인과는 달리 침용이 거의 없기때문에 그 양이 매우 적다.

- 숙성에 따라 점차 진해지는 색상은 중합반응과 산화작용의 결과이다.
- 산도가 낮은 와인(과숙된 포도, 더운 기후), 오크통 숙성(나무와 접촉하며 다량의 산소에 노출)와인은 색상이 진해진다.

와인 잔을 기울였을 때 색상

- Red : 잉크색 – 자주색 – 보라색 – 빨간색 – 루비색 – 마호가니색 – 벽돌색 – 오렌지색 – 호박색 – 갈색
- White : 녹색빛 노란색 – 연한 노란색 – 레몬색 – 밀짚색 – 황금색 – 오래된 황금색 – 호박색 – 갈색
- Rose : 대개 숙성기간이 없기 때문에 로제와인의 색상은 숙성정도와 크게 관계없다. 포도품종과 껍질 침용기간에 영향을 받는다. 옅은 레드, 장미, 연어, 분홍, 양파껍질, 오렌지 등의 색상을 띄는데 지나치게 갈변했다면 대개 보관시 온도가 높아 조기 산화한 결과이다.

출처: winefolly.com

후각(Smell)

- 우리가 '맛'이라고 표현하는 것들의 대부분은 '향'인 경우가 많다.
- 후각을 통해 와인의 특성과 원산지, 품질을 알 수 있으며, 품질 좋은 와인은 풍부한 향을 가진다.
- 와인의 향 : 숨을 들이쉼에 따라 향을 실은 공기가 비강을 타고 후각기관인 후각돌기를 건드려 냄새를 맡게 된다.
- 풍미와 여운 : 숨을 내쉬면 이 과정은 그 반대로 작용하여 입 안에서 데워진 와인의 향이 인후로부터 거슬러 올라와 후각세포를 자극한다.
- 적응 : 후각이 적응하는데 익숙해지면 민감도가 떨어져 냄새를 감지하기 어려워진다. 이때는 잠시 쉬었다가 민감도가 회복된 뒤 다시 시도한다.
- 온도 : 냄새분자의 증발에 영향을 미친다. 따뜻한 와인일수록 증발이 쉽게 일어나고, 차가운 와인일수록 향기발산이 어렵다. 완벽한 시음온도는 와인의 타입에 따라 결정된다.

와인의 향을 결정하는 요소

- 포도품종 : 개별 특성을 이루는 중요한 요소
- 생산지와 포도재배 : 생산량(많은 생산량은 향을 옅게 함), 포도나무의 수세가 얼마나 강한가(지나치게 나뭇잎 그늘이 많으면 풀냄새가 나는 경향), 기후(시원한 기후에서 향이 더 상쾌하고 진함) 등
- 양조과정 : 유산발효에서 비롯된 부드러운 유제품향, 오크접촉을 통한 바닐라 계열향
- 병 숙성 : 가장 미묘하고 매력적인 향의 일부는 오랜 시간 병입 숙성기간을 가진 고품질 와인에서 발견

후각적 관찰법

- 흔들기 전: 향입자는 휘발성이므로 액체에서 기화하는 정도가 각기 다르다. 가장 가벼운 것은 와인이 잔잔한 상태에서 와인의 표면에서 나타나기 때문에 스월링 하기 전에 맡아본다.
- 흔들기 후: 묵직한 향들이 쉽게 기화할 수 있도록 잔의 벽면 위까지 와인이 충분히 올라오도록 스월링한다.
- 와인잔을 비운 후: 가장 무거운 향 분자와 가장 진한 향은 아주 적은 와인 양에 아주 많은 공기가 접해 있는 상태에서 나타난다.
- 아로마 vs 부케: 아로마는 오래 숙성되지 않은 와인에서 나는 초기 과일향(포도품종의 향), 부케는 꽃다발에서 느끼는 다양한 향기와 같이 병입숙성과 함께 나타나는 복합적이고 미묘한 2차 향을 의미한다.

향의 종류

- 꽃향기: 장미, 제비꽃, 아카시아, 자스민, 라임나무…
- 식물향: 풀, 피망, 소나무, 민트, 송로버섯, 건초, 검은 올리브…
- 과일: 오렌지, 레몬, 라임, 자몽, 귤, 딸기, 배, 참외, 복숭아, 멜론, 사과, 체리, 레드커런트, 블루베리, 블랙커런트, 파인애플…
- 광물질: 흙냄새, 석고, 화산, 돌, 자갈, 휘발유, 왁스…
- 동물성: 젖은 모피, 가죽, 사향…
- 향신료: 후추, 정향, 감초, 계피, 바닐라…
- 말린 과일: 무화과, 말린 자두, 건포도…
- 견과류: 견과류, 헤이즐넛, 호두, 아몬드…
- 탄 향: 타르, 커피, 토스트, 버터, 카라멜, 초콜렛, 담배…
- 화학적 향: 초산, 매니큐어향…

레드와인의 후각적관찰 예시

화이트와인의 후각적관찰 예시

미각(Taste)

▶ 테이스팅 기법

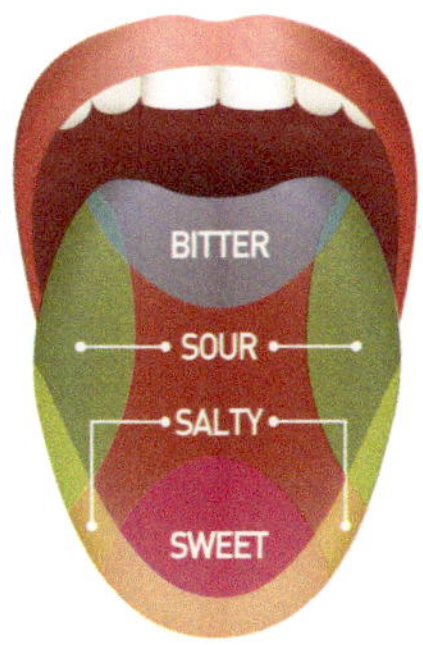

- 기법 1단계 : 와인 6~7ml를 한입에 넣는다. 너무 적으면 거친면을 느끼기 쉽고 너무 많으면 입안에서 느낌을 찾는 작업을 방해하며 뱉을 때도 난처하다.
- 기법 2단계 : 입 안에서 와인을 부드럽게 굴리고, 공기를 들이마시며(향입자 발산) 약간 삼키는 방식을 번갈아 한다.

- 첫 테이스팅에서의 정보 : 바디(알코올), 산도, 탄닌, 농축도에 집중한다. 와인의 포괄적 정보와 전반적 품질을 알 수 있다.
- 후속 테이스팅에서의 정보 : 강도와 종류, 미묘함, 아로마, 밸런스, 질감, 여운의 지속도, 품질을 알 수 있다.

▶ 테이스팅 표현

- 드라이한 정도(Dryness)/당도(Sweetness) : 드라이와인은 포도의 모든 당분이 알코올로 변했기 때문이며, 스위트와인은 잔여 당분 때문이다. 물린다(Cloying)는 당도에 비해 산이 부족할 때 쓰는 용어이다.

  Bone-dry, Dry, Off-dry, Medium-dry, Medium-sweet, Sweet, Cloying
- 단맛 : 알코올(8%~14%) 그 자체와 자연적으로 잘 익은 과일에서 오는 풍미, 발효의 부산물인 글리세롤은 단맛을 더하는 요인이다. 가장 먼저 감지하는 맛이며, 거부감이 없는 유일한 풍미, 신맛과 떫은 느낌, 쓴맛을 중화시켜준다.
- 산도(Acidity) : 주산(주석산, 사과산 등), 산미가 적절하면 입맛을 돋궈주고 타액의 분비를 돕는다. 특히 화이트와인에서 중요하다.

  밋밋한(산도부족)-부드러운-신선한-생생한-새큼한-시큼한-날카로운-식초같은(산도과다)
- 쓴맛 : 익지 않은 적포도에서 나는 설익은 탄닌, 양조시 껍질과 씨에서 나오는 쓴맛, 레드와인의 지나친 침용추출과정, 화이트와인의 장기 오크통 보관, 풍미가 없는 화이트와인의 고알코올 도수 등이 원인이다. 피니시의 한 부분으로 인지된다. 탄닌과 혼동될 수 있으며, 숙성이 필요한 영 한 레드 와인에서도 감지된다.
- 알코올과 바디 : 알코올도수와 관련이 있다. 알코올이 약하면 와인은 가벼우며, 많으면 무겁게 느껴진다. 알코올은 와인의 풍미를 입안 곳곳에 전달해주며 여운을 길게 한다.
- 탄닌(수렴성) : 주로 레드와인에서 나타나며, 적포도의 발효와 침용추출(껍질과 씨), 새 오크통 숙성과정에서 추출된다. 와인의 총체적 풍미에도 영향을 미치며 특히 잘 익은 포도에서 나온 탄닌과 섬세한 양조기술로 뽑아낸 탄닌은 와인에 깊은 풍미를 주

며, 익지 않은 포도나 세련되지 못한 양조기술을 사용할 경우 탄닌은 풀 냄새와 쓴 맛, 과도한 수렴성으로 나타난다. 또한 보존제의 역할을 하여 고급 레드와인을 숙성시키는 기능을 한다.

- 탄산가스 : 와인을 선명하게 하고, 향과 풍미의 신선도에 기여한다. 탄닌이 많은 레드와인에서는 감지하기 어렵다.
- 풍미의 농축도 : 거의 없는(Empty), 약한(Weak), 희석된(Dilute), 가벼운(Lightly), 완곡한(Moderately), 농축된(Concentrated), 진한(Dense), 강한(Strong)등으로 구분된다.
- 피니시(뒷맛) : 고급와인의 경우 입의 뒤쪽부분에 과일의 맛이 길게 이어진다. 또한 충분한 산도는 와인의 길이를 강화시킨다.
- 알코올이 강한 경우 피니시에서 쓴맛과 뜨거운 느낌을 주어 마시기 힘들어진다. 더운 지역에서의 높은 생산량(높은 당도와 낮은 풍미의 포도생산), 서늘한 기후 지역에서 지나친 가당 등이 원인이 된다.

“고객이 주문한 음식과 어울리는 와인을 추천하고
고객만족을 위해 최상의 서비스를 제공한다.”

CHAPTER 08

와인서비스

CHAPTER 08

와인서비스

1. 소믈리에의 업무

소믈리에(Sommelier)는 영어로 와인캡틴(Wine captain) 또는 와인웨이터(Wine waiter)라고도 한다. 중세 유럽에서 식품을 보관하고 식품의 안전성을 확인하는 업무를 담당하는 솜(Somme)이라는 직책에서 유래하였다. 오늘날 소믈리에는 레스토랑이나 바에서 와인을 비롯한 각종 주류와 음료에 관한 전문 지식을 바탕으로 이를 관리하고 서비스하는 식음료 전문인을 말한다. 소믈리에는 서비스 마인드뿐만 아니라 경영마인드까지 두루 갖춘 고도의 전문가이다.

주요 업무는 다음과 같다.

와인의 품질과 가격 등 선별능력을 바탕으로 레스토랑에 어울리는 와인을 구매하고 와인리스트를 작성한다. 선별 및 재고관리는 레스토랑의 음료매출에 영향을 미친다.

고객이 주문한 음식과 어울리는 와인을 추천하고 고객만족을 위해 최상의 서비스를 제공한다. 소믈리에는 고객만족과 최상의 서비스를 위하여 국가별, 지역별 와인에 대한 다양한 전문지식과 풍부한 테이스팅 경험을 통한 품종, 산지, 빈티지에 따른 특징 등을 잘 파악하고 있어야 한다. 소믈리에의 고객 응대 및 주문 스킬 또한 레스토랑의 음료매출에 영향을 미친다.

레스토랑의 와인 및 음료매출 극대화를 위해 고객층을 파악하고 음료 마케팅에 대한 끊임없는 연구를 한다.

2. 와인 글라스

와인 글라스 부위별 명칭

와인글라스 잡는 법

와인글라스의 스템(다리)부분이나 베이스(바닥)부분을 잡는다. 일반적으로 스템을 잡는 것이 안정적이다. 손의 열전도를 막기 위해 가능한 바디부분은 잡지 않는 것이 좋다.

보르도 레드 잔의 경우 비교적 잔의 바디가 준수하면서 잔대가 높은 것이 특징이다. 이에 반하여 부르고뉴의 잔은 윗쪽 림(Rim) 부분이 좁게 오그라들고, 바디 밑 부분이 넓고 볼록한 컵 모양을 하고 있다.

와인잔을 선택할 때는 맑고 투명한 잔이 좋으며 '잔받침'과 '잔대'가 있는 형태를 선택하는 것이 좋다. 후각적으로는 와인잔에 따라 다소 차이가 있다.

와인 종류에 따른 잔의 유형

와인음용 순서

여러 가지 와인이 있다면 다음과 같은 순서에 의해 마시는 것이 좋다. 처음부터 묵직하고 개성이 강한 와인을 마시면 그 다음 마시는 와인을 제대로 맛볼 수 없게 된다. 이는 맵고 짠 음식을 먹은 후 담백한 음식을 먹으면 그 맛을 제대로 느끼지 못하는 것과 같다.

1. 가벼운 와인에서 묵직한 와인으로 Light → Heavy
2. 화이트 와인에서 레드와인으로 White → Red
3. 영와인에서 올드와인으로 Young → Old
4. 드라이 와인에서 스위트와인으로 Dry → Sweet

3. 와인 서빙 온도

5도 아래로 온도가 너무 낮으면 미감을 마비시키며, 20도 보다 높으면 와인의 부케와 신선함이 사라진다.

- 레드와인: 와인 셀러에서 한두 시간 전에 빼내어 침전물이 바닥에 가라앉도록 세워두고 자연스럽게 실내온도에 의해 온도가 올라가도록 한다.
- 화이트와인: 아이스 버킷에 얼음과 물을 채

우고 비스듬히 끼워둔다. 아이스 버킷이 없는 경우 냉장고 하단에 두어 온도를 낮추어 준다.

〈표-19〉 와인 서빙온도

와인 타입	온도
풀바디, 탄닌이 많은 레드	17~19
미디엄 바디 레드, 레드 부르고뉴	15~16
풀 바디 드라이 화이트	11~15
라이트, 미디엄 바디 화이트	7~10
진한 스위트 화이트	7~10
샹파뉴, 스파클링	7~9
라이트 바디, 스위트 화이트	6~8
스파클링, 로제	6~8

4. 와인 오픈법

❶ 소믈리에 나이프의 나이프를 이용하여 캡슐로 덮여있는 병목 아래쪽 금속 캡슐을 제거한다. 제거시 아래쪽을 둥글게 돌리고 대각선 방향으로 흠집을 내어 캡슐의 완전제거가 용이하게 한다. 이는 와인을 따를시 와인과 금속의 접촉을 막아준다. 만약 디캔팅을 한다면, 와인의 흐름

이 더 잘 보이게 캡슐 전체를 벗겨낼 필요가 있다.

❷ 깨끗한 냅킨으로 병 입구를 닦은 후, 소믈리에 나이프의 나선을 코르크의 정 가운데, 직각으로 꽂는다. 그리고 부드럽게 나이프를 돌려가며 코르크 깊숙이 삽입한다. 소믈리에 나이프 나선의 맨 위 한 칸 정도 남았을 때, 지렛대 힘을 이용하여 반대방향으로 코르크를 추출한다.

❸ 코르크를 제거시 소리가 나지 않도록 주의하며, 코르크마개가 부러지지 않게 조심한다. 만약 코르크마개가 중간에 부러진다면 아소(Ah-So) 오프너를 이용하여 추가제거하면 된다.

❹ 스파클링 와인의 경우, 와인 병 안의 가스 압력으로 인해서 잘못하면 코르크가 위험하게 날아가거나 상당량의 와인을 버릴 수 있다. 따라서 와인병을 옮기고 오픈하는 모든 순간에 병이 흔들리지 않도록 주의해야 한다.

5. 디캔팅_Decanting

디캔팅을 하는 이유

❶ 침전물 제거를 위해…

장기 숙성한 고급와인(특히 보르도 레드타입, 빈티지 포트)은 오랜 보관 기간을 통해 색소, 탄닌, 주석산염 등의 침전물이 생긴다. 이러한 찌꺼기는 나쁜 감촉과 떫은 맛을 주며 또한 와인 잔에 따랐을 때 미관상 좋지 않다.

❷ 향의 발산과 미감의 개선을 위해…

장기 숙성 고급와인은 거칠게 느껴질 수 있음으로 향을 열어주고 맛을 부드럽게 하기 위해 디캔팅을 통해 에어링을 촉진시킨다.

디캔팅이 필요한 와인

- 보르도의 우수 샤또 와인들(10년 이상 숙성)
- 까베르네쇼비뇽 품종으로 만든 와인들(8년 이상 숙성)
- 빈티지 포트(10년 이상 숙성)
- 그 외 고급 레드와인

방법

❶ 병목 캡슐을 제거한다. 과거에는 캡슐을 모두 제거하였지만 구지 완전히 제거하지 않아도 와인병 어깨에 침전물이 걸러지는 것으로 확인할 수 있으므로 최근에는 병목 윗부분만을 제거한다.

❷ 촛불을 켠다. 대부분의 레드 와인병은 짙은 유리로 되어 있어서 따를 때 그 안이 잘 안보이기 때문에 촛불을 이용하여 와인병 어깨에 걸러지는 침전물을 확인한다.

❸ 한 손으로는 디캔터를 잡고, 다른 손으로 와인병을 들어 디캔터에 와인을 조심스레 따른다. 이때 촛불을 와인병 목 아래쪽에 위치시켜 병목을 지나는 와인이 잘 보이도록 하며, 침전물이 딸려 나가지 않도록 잘 살핀다.

❹ 병목에 침전물이 보이기 시작하면 디캔팅을 멈춘다.

디캔팅 준비물 챙기기

종이 냅킨 2장과 빵접시 1개, 클로스 냅킨 2장(와인 서비스 용,와인 바스켓 용), 재떨이, 성냥, 초와 촛대, 와인 코르크마개 받침, 소서(Saucer), 소믈리에 테이스팅 글라스, 와인 바스켓, 와인 디켄터, 소믈리에 나이프 등을 플라스틱 트레이에 담아 게리동 테이블로 이동하여 옮겨놓는다.

와인오프너

와인 악세서리

테이블 매너

- 테이스팅은 남자 또는 초청당사자인 호스트가 한다.
- 여러 와인잔이 세팅된 테이블에서는 오른쪽 와인잔부터 순차적으로 사용한다.
- 와인잔은 다리 부분을 잡는다. 볼부분을 잡으면 와인의 온도가 올라갈 수 있다.
- 와인을 서비스받을 때 와인잔을 잡지 않는다. 한국의 음주문화와는 완전히 다른 매너이다. 윗사람이 따라주는 잔을 그냥 바라보기 민망하다면 그림과 같이 와인잔 베이스부분을 살짝 손으로 대어주는 것도 좋다.

- 와인잔은 주지도 받지도 않는다. 즉 잔을 서로 바꿔 마시지 않는다.
- 와인잔 바닥을 비우지 않는다. 와인잔에 와인을 살짝 남겨 두는게 좋다.
- 와인을 따를 때는 다 따르고 나서 끝을 살짝 돌려준다. 와인병 입구에 와인

이 흐르는 것을 방지해준다.

- 마실 때 소리를 내서는 안 된다.
- 자작하지 않는다.
- 와인을 선택할 때 음식과의 조화를 고려해야 한다.
- 입속에 음식이 있을 때 와인을 마시는 것은 피한다.
- 와인은 첨잔이 가능한 술이기 때문에 와인을 사양할 때는 손짓으로 한다.
- 와인의 종류를 바꾸어 마실 때는 반드시 와인잔을 바꾼다.
- 건배방법은 와인잔을 눈높이로 든다. 형식적으로라도 글라스에 입을 댄다.
- 와인은 숙녀부터 따라 준다.
- 와인 주문시 가격을 얘기하는 것은 실례가 아니다.

N·O·T·E

"와인을 선택할 때 음식의 재료보다는
완성된 음식의 전반적인 느낌을 보고 선택해야 한다."

CHAPTER 09

와인 & 푸드 페어링

CHAPTER 09

와인 & 푸드 페어링

1. 와인과 음식의 조화

와인과 음식은 상호의존적이다. 와인과 음식이 서로 조화롭게 잘 어울릴 때 이를 두고 '궁합이 좋다' 라고 하며 와인과 음식의 궁합을 와인 마리아주(Mariage)라고 한다. 최근 파인다이닝에서는 와인&푸드 페어링을 통해 코스요리에 가장 잘 어울리는 와인을 매칭시켜 판매한다.

기본적으로 와인과 음식과의 관계에서 흰색을 띄는 요리(생선, 닭, 칠면조, 오리, 갑각류 등)에는 화이트 와인을, 또 붉은 색을 띄는 육류요리(소고기, 돼지고기, 조류 등)에는 레드와인을 곁들이면 좋다.

또한 각 국가의 각 지역마다 고유한 음식과 그에 어울리는 술이 있다. 한국사람들이 파전에 동동주, 두부김치에 막걸리를 좋아하듯이, 일본사람들은 생선회에 사께(청주)를, 프랑스 사람들은 푸아그라요리에 소테른(Sauterne)의 화이트 와인을, 달팽이 요리를 좋아하는 프랑스의 부르고뉴 지방에서는 부르고뉴 레드 와인을, 중국사람들이 오리고기에는 화주를 마시듯이 전통적으로 내려오는 그들만의 마리아주가 있다.

와인과 음식의 조화에 있어서 다음과 같이 기본원칙을 알면 매칭시키기 어렵지 않다.

신토불이의 원칙

한 지역의 음식은 그 지역 와인과 잘 어울린다. 와인을 생산하는 양조자는 오랜 세월 그 지역 음식 맛에 길들려져 있고 그에 어울리는 와인을 생산하게 되기 때문이다. 예로 이태리와인은 피자나 파스타와 최상의 궁합을 이룬다. 가끔 해외 와이너리 투어를 가면 그곳의 와인에 반하여 그 와인을 사오기 마련이다. 그러나 여기서 마시면 그때의 맛과는 달리 왠지 모르게 맛이 없을 때가 있다. 바로 와인과 함께 하는 음식의 차이다.

식자재의 성질에 따른 원칙

가벼운 음식인지, 아니면 무거운 음식인지, 주재료가 무엇인지, 같은 육류라면 육질이 단단한지, 아니면 부드러운지 등에 따라 어울리는 음식이 다르다. 기본적으로 육류에는 레드와인, 생선류에는 화이트와인이 잘 어울린다. 레드와인의 탄닌성분이 육류요리의 느끼한 맛을 잡아주고 단백질과 지방을 중화시켜 육질을 부드럽게 해준다. 반대로 육류의 단백질과 지방은 레드와인의 떫은 맛을 줄여준다.

생선류의 경우 화이트와인의 산뜻한 신맛이 생선요리의 비린 맛을 완화시켜준다. 만약 생선요리에 화이트와인 대신 레드와인을 사용한다면 레드와인의 탄닌이 생선요리의 짠맛과 어우러져서 쓴맛을 더 강하게 하고, 생선의 지방과 어우러져 입안에 금속성 맛을 오래 남게 할 것이다. 반면 지방과 육즙이 풍부하고 진한 소스를 사용한 요리와 가벼운 화이트 와인과 함께 먹는다면 서로의 맛을 살리지 못한다.

그러나 같은 식자재라 할지라도 요리법과 사용되는 소스 등에 따라 달라지기 때문에 기본법칙 속에서 다양한 경험을 통해 음식과 잘 어울리는 와인을 찾는 것이 중요하다.

와인의 당도에 따른 원칙

약간의 당도는 음식의 신맛을 순화시켜주고 아주 스위트한 와인은 달콤한 디저트 음식과 아주 잘 어울린다. 달콤한 와인을 짠 음식에 곁들이면 단맛은 줄어들지만 포도 맛은 강해지며, 음식의 짠 맛을 완화시켜 음식을 더욱 맛있게 해준다. 푸른곰팡이 치즈와 스위트와인의 궁합이 그 예이다. 프랑스의 귀부와인이나 독일의 트로켄베렌아우스레제(TBA), 아이스와인 등은 스위트와인으로써 달콤한 쿠키, 초콜렛, 케익 등과 잘 어울린다.

와인의 산미에 따른 원칙

산미가 강한 와인은 기름진 음식의 느끼함을 없애주고, 반대로 부드러운 산미의 와인은 토마토소스, 레몬, 파인애플, 발사믹 식초 등을 사용한 새콤한 음식의 신맛을 완화시켜주며 잘 어울린다. 이탈리아 레드와인의 특징 중 하나가 산도가 높은 이유가 여기에 있다. 와인을 선택할 때 음식의 재료보다는 완성된 음식의 전반적인 느낌을 보고 선택해야 한다. 꼭 제시된 기본원칙이 아니더라도 새로운 조화를 찾아보는 것도 흥미로운 일이다.

마리아주의 좋은 예

▶ 식전주(아페리티프: Aperitif)와인

- 위에 자극을 주어 입맛을 돋우기 위한 와인
- 샴페인, 쉐리, 와인을 베이스로 한 칵테일

▶ 식중주(테이블 와인: Table wine)와인

- 식사 중에 마시는 와인
- 레드와인: 스테이크류, 불고기, 삼겹살
- 화이트와인: 생선, 새우, 바닷가재, 파스타 등

▶ 식후주(디저트 와인: Dessert wine)와인

- 알코올 도수가 높고 달콤하고 진한 맛으로 소화를 촉진
- 포트와인, 스위트 화이트 와인

한국음식과 와인

▶ 육류 요리

- 로스, 등심, 안심, 갈비, 삼겹살 등

  프랑스, 칠레, 호주 등의 까베르네 쇼비뇽 또는 시라품종으로 만든 숙성이 오래되고 드라이한 풀바디 스타일의 레드와인이 어울린다. 삼겹살의 경우 켐벨얼리로 만든 한국와인과도 일품이다.

- 양념이 많은 요리(불고기, 주물럭, 갈비찜 등)

  미디엄 바디의 레드와인(프랑스 부르고뉴, 보르도 쌩떼밀리옹 또는 뽀므롤, 꼬뜨 뒤론의 레드와인)

- 닭고기, 오리, 칠면조 등 조류

닭, 오리, 칠면조 및 갑각류의 요리에는 주로 화이트 와인을 곁들이지만 요리하는 과정에서 쓰는 양념과 방법에 따라 화이트, 로제, 그리고 레드 와인을 곁들이게 된다. 만약 닭이나 오리를 찜을 했을 때에는 화이트를, 반대로 로스트(Roast)를 했을 때에는 화이트보다는 가벼운 레드 와인이 더 좋은 궁합을 만든다고 할 수 있다. 한편 오크 숙성한 드라이 화이트 와인과도 좋다.

중국음식과 와인

- 탕수육을 비롯해 대부분의 음식이 기름지고 새콤달콤한 맛을 낸다.
- 드라이한 리슬링 와인이나 화이트 진판델, 산도가 있는 와인.

일본음식과 와인

- 산미가 강하고 과일향이 나는 화이트 와인이나 가볍고 영한 레드와인
- 부르고뉴의 샤블리, 루아르의 뮈스까데품종, 보르도 그라브의 화이트와인

모든 음식에 적절히 어울리는 와인

여러가지 음식이 동시에 나오는 코스요리나 한정식, 뷔페 식당에서 모든 음식에 맞춰 와인을 선택하기란 쉬운 일이 아니다. 이럴 경우 무난한 와인은 무엇일까

▶ 화이트 와인

부르고뉴 샤블리, 루아르의 쇼비뇽 블랑, 독일의 리슬링 카비넷과 슈페트레제, 보르도의 삐싹 레오냥 화이트와인, 샴페인 등

▶ 레드 와인

보르도의 쌩떼밀리옹, 이탈리아의 끼안띠 클라시꼬, 스페인의 리오하,
보졸레 빌라쥐, 신세계의 멜를로 와인 등

2. 와인 & 치즈

치즈는 동물의 젖을 원료로 만든 발효식품으로 그 기원은 산양과 양을 가축으로 기르기 시작한 기원전 9000년경 메소포타미아까지 거슬러 올라간다. 최근에는 전 세계에 1000종이 넘는 치즈가 있으며 제조법과 특징에 따라 분류된다.

- 치즈는 와인과의 궁합에 최상이다.
- 살균처리한 프로세스 치즈(Process cheese)보다 다양한 개성의 내츄럴 치즈가 좋다.
- 프레쉬타입과 흰곰팡이타입의 치즈와 같이 소프트하고 단순한 치즈는 프루티한 와인이 좋다.
- 워시타입과 푸른곰팡이타입과 같이 향과 개성이 강한 치즈는 깊은 맛의 와

인이 좋다.

- 치즈의 기본재료는 동물의 젖이며, 어느 동물의 젖인지, 어느 계절에, 어느 지역에서 얼마나 숙성되어 생산된 것이냐에 따라 생산된 치즈의 풍미와 맛이 달라진다.

치즈종류 / 치즈 분류하기

크게 4가지 키워드(원료/제조방법/수분/지방)를 가지고 치즈를 분류해서 패밀리별로 묶을 수 있다.

1. 원유에 따른 분류
2. 제조방법에 따른 분류
3. 수분 함량에 따른 분류
4. 지방 함량에 따른 분류

치즈공정

- 응고과정 : 원재료를 데우고 응유효소(렌넷)를 첨가하여 우유를 응고시킨다.
- 유장분리 : 두부처럼 응고된 응유(커드)로부터 유청 제거를 위하여 여러 공정을 거친다.(혼합, 절단, 압착)
- 주형과정 : 커드를 작은 구멍이 뚫린 틀에 붓거나, 때에 따라서 천을 이용한 주형으로 압착하기도 한다.
- 가염하기 : 숙성과정을 보다 더 잘 살피고 맛을 높이기 위해 치즈에 소금을 뿌리거나 소금물에 담근다.
- 정련과정 : 치즈는 온도 조절이 가능한 지하 창고에 옮겨진 후 적정한 숙성기간동안 저장된다. 이 기간 동안 치즈를 규칙적으로 뒤집어 주며, 경우에 따라 닦아 주거나 솔질을 해 주기도 한다.

치즈보관법

- 치즈는 제조 과정이 끝난 다음에도 숙성이 계속되는 식품이므로 맛과 영양소가 잘 보전되도록 신경을 써야한다.
- 치즈는 신선한 제품이기 때문에 가능한 한 보관기간을 짧게 잡고 구매한다.
- 신선도와 맛을 보존하기 위해 치즈별로 포장하여 둔다. 날것의 음식, 특히 씻지 않은 야채와의 접촉은 피한다.
- 최대한 건조하지 않도록 랩으로 싸서 밀폐용기에 넣어 냉장고에 보관한다. 모양이 망가지기 쉽고 빛과는 멀리해야하는 블루치즈는 알루미늄 호일에 한 번 더 싼다.
- 고유한 맛과 부드러움을 되살리기 위하여 먹기 한 시간 전에 실온에 포장을 풀어 놓고 온도를 실온에 맞춘다.(예외: 생치즈류는 저온에서 시식)

제조과정별 치즈분류_제조 방법에 따른 7분류

❶ 생치즈 / 프레쉬 치즈

우유를 유산균과 효소로 굳혀 물을 빼기만 하고 숙성시키지 않은 것으로 그윽한 신맛과 상쾌한 맛이 있다. 약간의 산미와 함께 우유의 신선함을 그대로 느낄 수 있으며 치즈 자체의 수분함량이 대단히 높기 때문에 변질이 쉽고 유통 기한도 짧아서 가급적 빨리 섭취해야 한다. 산뜻한 맛의 푸르티한 가벼운 와인이 적합하다.

종류 모짜렐라(Mozzarella), 코타주(Cottage), 리코타(Ricotta), 마스카포네(Mascarpone)

❷ 흰색외피 연성치즈

흰 곰팡이 균을 이용하여 흰색의 솜털과 같은 외피를 치즈 전체에 형성한다. 숙성기간은 2~3주 정도 소요되며 치즈에 따라 4~5주 이상의 시간을 보내기도 한다. 흰곰팡이의 영향으로 표면에서 안으로 숙성(성분의 변화)이 진행되어 점차 속까지 부드럽게 된다. 치즈를 잘라보면 내부는 흰색 또는 아이보리색의 부드러운 질감으로 상온에 두면 연한 크림 상태로 변하면서 진한 우유맛과 버터 맛이 난다. 제조 과정에서 커드를 자르지 않거나 절단을 최소화함으로, 포함하고 있는 수분함량이 신선치즈 다음으로 많다. 균형잡힌 부드러운 레드와인이 적합하다.

종류 까망베르(Camembert), 브리(Brie), 뇌샤텔(Neufchatel), 샤우르스(Chaource)

❸ 세척외피 연성치즈

흰색외피 연성치즈와 제조 과정은 유사하지만, 숙성 과정 중 소금물이나 안나토 색소, 그리고 맥주, 와인과 같은 술을 헝겊에 묻혀 치즈 표면을 규칙적으로 닦아주는 것에 차이점이 있다. 이 과정을 통해 치즈 표면에 좋은 박테리아가 자랄 수 있게 해주고 어떤 재료로 외피를 닦아주느냐에 따라 치즈 특유의 색과 향을 형성하게 된다.

종류 랑그르(Langres), 에뿌아쓰(Epoisses), 묑스테르(Munster)

❹ 반경성치즈 / 비가열 압착치즈

치즈 제조 시 자른 커드의 크기가 치즈의 수분함량과 관계가 깊으며 이는 곧 보존 기간에도 영향을 미친다. 커드의 크기를 작게 자를수록 잘린 단면을 통해 유청이 빠져나가므로 수분함량은 줄어들게 되고 단단한 치즈가 된다. 이러한 원리로 반경성 치즈의 커드 크기는 연성치즈 보다는 작게, 경성치즈에 비해서는 조금 크게 자른다. 숙성 기간은 치즈마다 차이는 있지만 보통 짧게는 2-3개월, 길게는 1년 이상의 숙성 기간을 거치며 주기적으로 치즈를 뒤집어주거나 외피를 닦아주는 관리과정이 포함된다.

종류 고다(Gouda), 라클렛(Raclette), 체다(Cheddar), 하바티(Havarti)

❺ 경성치즈 / 가열압착치즈

반경성 치즈를 제조하는 과정과 유사하며 커드를 아주 작은 크기로 잘라 유청이 많이 빠지도록 하고 추가로 열을 가하여 데워서 남아있는 수분까지 배출시켜 수분함량을 최소화한다. 그리고 성형하는 과정에 물리적인 압력을 통해 여분의 수분이 제거되고 숙성기간이 긴 단단한 치즈가 만들어진다. 숙성기간은 보통 짧게는 1년부터 길게는 4년 이상. 숙성 기간이 길어짐에 따라 치즈의 색은 점점 짙어지고 외피의 두께도 두꺼워진다. 숙성기간에 비례하여 점차 수분이 줄어들어 짠 맛이 강해지고, 더욱 더 단단해져서 잘 부스러지는 질감을 갖게 된다. 만드는 과정에서 생치즈류에 비해 더 많은 양의 젖을 필요로 하고, 오랜 숙성기간 중 치즈 관리 비용으로 인해 가격 또한 비싸진다.

종류 에멘탈(Emmental), 그뤼에르(Gruyre), 파르미자노 레지아노(Parmigiano Reggiano), 꽁떼(Conté)

❻ 푸른곰팡이치즈 / 블루치즈

제조 과정에 페니실리움 로크포르티(Penicillium Roqueforti)라는 푸른곰팡이 균이 사용되며, 이로 인해 치즈 내부에 마치 대리석 무늬 같은 청회색의 푸르스름한 곰팡이가 불규칙하게 형성된다. 성형이 끝난 치즈에 얇고 긴 바늘을 이용하여 수직으로 구멍을 여러 군데 내게 되는데 그 길을 따라 곰팡이들이 공기

중의 산소와 만나면 치즈 내부에 푸른 곰팡이가 골고루 자라게 된다. 수분감이 많고 짠 맛과 감칠맛의 진한 풍미와 톡 쏘는 맛과 향이 특징적인 개성이 강한 치즈이다.

종류 고르곤졸라(Gorgonzola), 로크포르(Roquefort), 스틸턴(Stilton), 까브랄레스(Cabrales), 블루 도베르뉴(Bleu d'Auvergne)

❼ 가공치즈

영어로는 '프로세스드 치즈', 프랑스어로는 '프로마주 퐁듀(Fromages Fondus)'라고도 불리며, '녹인 치즈'라는 의미를 가지고 있다. 스위스에서 처음 개발된 초기에는 불량 치즈의 재생법으로 이용되었으며, 가열처리되어 보존성이 좋고 무난한 맛과 경제적이라는 면에서 우수하다.

N·O·T·E

Tasting Note - Red Wine

와인명			
시음일자		판매가격	
생산국가 및 지역			
빈티지		포도품종	
색 (Sight of appearance)	투명도	탁한 　조금 탁한 　흐린 　맑은 　아주 맑음	
	색상	자주색 　루비색 　붉은색 　벽돌색 　갈색	
	점성도	유질한 　진한 　보통 　묽음 　약발포성	
향 (Smell or nose)	부케향	강렬한 향 　복잡 미묘한 향 　기분좋은 향 　보통 　전혀 없음	
	세부향 종류	딸기 　검은후추 　붉은과일류 　가죽 　토스트향 　송로버섯 　삼나무 　시나몬 　블루베리 　제비꽃 　민트 　블랙베리 　바닐라 　다크쵸콜릿 　피망 　자두	
맛 (Taste / Flavor)	당도	매우 스위트 　스위트 　미디엄 드라이 　드라이 　매우 드라이	
	산도	시큼한 　꽤 나는 　상큼한 　산도없는	
	타닌	떫은 　강한 　드라이 　소프트 　없음	
	바디	매우진한 　진한 　미디엄 　가벼움 　가볍고 엷은	
	균형	완전한 　균형이 잘 잡힌 　좋은 　불균형	
	여운	아주 오래가는(8초 이상) 　오래가는(5~7초) 　보통(4~5초) 　짧은(4초 이하)	
총평	뛰어남 　좋음 　괜찮음 　열등함 　조잡함		

Tasting Note - White Wine

와인명			
시음일자		판매가격	
생산국가 및 지역			
빈티지		포도품종	

색 (Sight of appearance)	투명도	탁한 조금 탁한 흐린 맑은 아주 맑음
	색상	연초록빛 노란색 연한 노란색 노란색 담황색 황금색
	점성도	유질한 진한 보통 묽음 약발포성
향 (Smell or nose)	부케향	강렬한 향 복잡 미묘한 향 기분좋은 향 보통 전혀 없음
	세부향 종류	견과류 메론 레몬 복숭아 살구 피망 사과 파인애플 바닐라 흰꽃향 꿀 녹색토마토 배 풀향 감귤류 버터향
맛 (Taste / Flavor)	당도	매우 스위트 스위트 미디엄 드라이 드라이 매우 드라이
	산도	시큼한 꽤 나는 상큼한 산도없는
	타닌	떫은 강한 드라이 소프트 없음
	바디	매우진한 진한 미디엄 가벼움 가볍고 엷은
	균형	완전한 균형이 잘 잡힌 좋은 불균형
	여운	아주 오래가는(8초 이상) 오래가는(5~7초) 보통(4~5초) 짧은(4초 이하)
총평	뛰어남 좋음 괜찮음 열등함 조잡함	

참고문헌

- 김기재(2002). 『와인을 알면 비즈니스가 즐겁다』, 세종서적.
- 김기재(2005). 『성공비즈니스를 위한 와인 가이드』, 넥서스북스.
- 김민환(2010). 『프랑스 와인』, 닥터뱅.
- 김준철(2006). 『와인』, 백산.
- 고재윤(2010). 『와인커뮤니케이션』, 세경.
- 고종원 외(2013). 『세계와인과의 산책』, 대왕사.
- 마이클 슈스터(2007). 손진호 · 이효정 역, 『와인 테이스팅의 이해』, 바롬웍스.
- 손진호(2003). 『와인』, 대원사.
- 송소영 역(2017). 『치즈도감』. 한스미디어.
- 이기태(2007). 『내생애 첫 번째 와인』, 웅진리빙하우스.
- 이기태(2009). 『와인상식사전』, 길벗.
- 와인나라 아카데미(2001). 『더 와인 가이드』, 와인나라 아카데미.
- 전상헌(2008). 『한권으로 끝내는 와인특강』, 예문.
- NCS 학습모듈 LM1301020207_13v1
- 한국쏘펙사, FINE CHEESE FROM FRANCE.
- 히로카네 켄시(2005). 한복진 · 신현섭 역, 『한손에 잡히는 와인』, 베스트홈.
- 최훈(2006). 『남국의 와인』, 자원평가연구원.
- 최훈(2007). 『와인과의 만남』, 자원평가연구원.
- 케빈 즈랠리(2008). 장미나 역, 『와인바이블』, 한스미디어.

저자약력

정 미 란(Jung, Mi Ran)

- 현) 신구대학교 호텔외식F&B과 교수
- 경희대학교 조리외식경영학 박사
- 한양대학교 관광학 석사(호텔외식경영전공)
- 세종대학교 호텔관광경영학 학사
- 경희대학교 관광대학원 마스터소믈리에 컨설턴트 수료
- 독일 와인 아카데미 수료
- 미국호텔협회 CHA 취득
- (사)한국국제소믈리에협회 부회장
- 전) 쉐라톤 서울 팔래스 강남호텔 근무
- 전) 베스트웨스턴 서울가든호텔 근무
- 전) 유원대학교 와인발효식품학과 교수

저자 정미란은 한국국제소믈리에협회에서 부회장직을 맡고 있으며 저서 「소믈리에 자격증 · 소믈리에 경기대회 문제집」 및 역서 「세계의 명품 레드와인」, 「세계의 명품 화이트와인」, 「세계의 명품커피」, 「세계의 명품차」 등과 〈소믈리에 자격증 평가항목개발에 관한 연구〉, 〈와인소비자 유형에 따른 구매 위험지각에 관한 연구〉, 〈와인 레이블 디자인 선호도와 구매의도 관계에 관한 연구〉, 〈문화적 가치가 와인구매동기 및 만족도에 미치는 영향: Hofstede이론의 적용〉, 〈An exploratory study about consumption trend on wines of korea and america〉등 다수의 논문을 발표하였으며 후진양성과 학회발전에 힘쓰고 있다.

와인 소믈리에 실무

발행일 | 2021년 2월 25일 발행

발행인 | 모흥숙
발행처 | 도서출판 새로미

저자 | 정미란

주소 | 서울 용산구 한강대로 104 라길 3
전화 | 02)523-5903~4
팩스 | 02)2693-2437

E-mail | **seromi@seromi.kr**
Homepage | **www.seromi.kr**

ISBN | 978-89-6476-754-2
정가 | 18,000원